丸山 学
Manabu Maruyama

# 家系図つくってみませんか?



ポプラ新書
273

# はじめに――「まじか、あった」、ご先祖様の墓石が見つかった瞬間

法務局で発行してもらった正確な地番入りの地図を頼りに、いくつかの畑を越えてようやく目的の場所にたどりついた私は、目の前に突然現れた大量の墓石群に圧倒されました。

すでに倒壊しているものも多数ありましたが、数十基の墓石がそこに立ち並んで私を待ち受けていたのです。

一見すると地方でよく見られる地域の家々が使用する集落墓地という感じでしたが、近づいてみるといわゆる集落全体の墓地でないことがわかります。

なぜなら、墓石に刻まれている姓がすべて「越智《おち》」なのです。

手前の数基を見ても、みな「越智家之墓」と書かれている。慌てて小走りに

その奥に向かっても「越智」「越智」「越智」……。

「やはり越智一族の墓地だ……」

私は思わず、小雨まじりの静寂に包まれたその場で呟いてしまいました。特定一族の専用墓地が存在したのです。

これなら、依頼人の母方である越智家の墓石もここにあるかもしれないぞ。依頼人からは「北海道に渡る前の越智家のご先祖が眠る墓地の場所もわかったら嬉しいのですが……」と言われていました。

しかし、冷静に考えてみれば、依頼人の曽祖父にあたる越智徳次郎さんが四国のこの地を離れて北海道に転籍したのは明治25年のこと。さらに、徳次郎さんの兄にあたる方もほぼ同時期に北海道に転籍していることが戸籍で確認できています。

目の前の古くなり、お参りする人も久しくいないであろう倒壊した墓石たち（地中に埋もれ、刻まれている文字も読めなくなっているものが多数）を見るにつけ、130年以上前に北海道に移住している目的の越智家の墓石が無事に存在しているとは思えませんでした。

それでも、無いなら無いで「すでに存在しない」ことを確認するのも重要な私の仕事です。

今思えば、私は「無いことをきちんと確認して報告しなければ」と、無いことを前提として墓石群の端から一基一基、刻まれた文字の確認を始めたのでした。

雨が降ったり止んだりという天候。7月に入り蚊も多く、私は虫よけをつけてこなかったことを心底後悔しながらすべての墓石を順番に見ていきました。刻まれた文字に入り込んだ汚れを払い、墓石に覆いかぶさる草木をどかしながら。

まあ無いよね、やっぱり……。

あるとしたら、曽祖父・徳次郎の兄である源太郎の名前が彫られているのかなあ。源太郎、源太郎……。

そんな私の目の前に一基の比較的大きな墓石が現れました。

「そうそう、源太郎」

その墓石の文字をなんとなく眺めた私は、一度その墓石から目を離しかけました。

しかし、次の瞬間、その墓石を二度見することになりました。

「えっ、越智源太郎！」

その瞬間は訪れたのです。

私のTwitter（現X）にその時のリアルタイムの記録が残されています。

2022年7月8日午前11時3分のことです。

「まじか、あった」

土地を離れて百数十年が経過すると、無縁になった墓石の多くは倒壊し、土に埋もれたり処分されたりするのが一般的ですが、先祖探しを一生懸命していると、こうした感動的な瞬間に往々にして出会うことになります。

そもそも、目的とする越智一族の墓地がどうしてそこにあるとわかったのか、本来はそこから話を始めなければいけません。詳細は第2章の実例（依頼人・佐藤美加さんの場合）として後述しますので、そちらをご覧ください。実際のその墓石の写真も掲載しています。

なお、第2章に挙げる3件の先祖調査の実録では、依頼人の方のお名前はすべて実名で登場します。きっと、これから先祖探しの旅に出ようと思われている皆様にとっても役立つものかと思います。

ぜひ、皆様にもこうした感動的な瞬間を味わう旅に出ていただければと願っています。

家系図つくってみませんか?/目次

# 第1章

# ルーツは1000年さかのぼれるのか？

## 先祖探しはどこまでたどれる？

私は、依頼人のご先祖様をできるだけ深く、上の代までさかのぼって調査をして、それを家系図に仕上げるという少し変わった仕事を専門としております。目標としては1000年前までさかのぼりたいと思い、「1000年家系図」という名称でSNS等でも情報発信をしているのですが、実際、先祖というのはどれくらいまでたどれるものなのでしょうか？

実際のところ、明確に1000年以上にわたってご先祖様をさかのぼり、系図を作成できるケースは少数であるのが実状です。ただし、本家にあたる家から古い系図が出てくるなどして意外とあっさりわかってしまうケースもあります。

1000年さかのぼることを意図してそれが実現できる確率は2〜3％程度かと思いますが、それでも1000年前といえば平安時代のこと。そんな時代のご先祖様のことがわかるなんて、これは凄いことだなと感じています。

一方、戸籍をさかのぼって取得するという誰でもできる手法でも、江戸時代後期（現在から160～180年前）を生きたご先祖様まではだいたい判明します。

そこから先、戸籍で判明したよりさらにさかのぼるところに一つの壁があるのですが、これも第3章でお話しするような本家の調査、墓石の調査、古文書の調査、菩提寺のご協力等を経ることにより、戸籍よりも1～3代ほどさかのぼる（現在からみて200年ほど前）ことは結構できてしまいます。

私の経験上、戸籍の範囲を超えて200年ほど前までさかのぼれる確率は9割程度です。これは充分に挑戦してみる価値があるものだと思います。

**まずは明治時代の戸籍取得を目指そう**

そもそも皆様は、ご自身のご先祖様をどれくらい上の代までご存じでしょうか？

地方の場合、同じ土地に江戸時代から住み続けていたり、とりわけご自身の家がいわゆる本家である場合には日常的にご先祖様の肖像画や、江戸期の年号が入った墓誌の記録を目にするなど、何代も、いや十数代もさかのぼれるということがあると思います。

しかし、現代では土地の移動も多く、「祖父までしかわからないなあ……」という方が多くなっています。また、「江戸時代から明治時代にかけて、どこに住んでいたか正確な村名などわかりますか？」とお尋ねしても返答が難しいという方が多くなっています。

しかし、日本には世界的に見て稀有ともいえる精緻な戸籍制度が存在しています。廃棄や戦災焼失などの不運がなければ、ほぼ江戸時代後期を生きた自身のご先祖様のお名前まで知ることができるのです。

現代につながる戸籍制度がスタートしたのは明治5年ですが、この明治5年式の戸籍（壬申戸籍《じんしんこせき》）は現代では取得することができません。犯罪歴などが記載されており、現存している分についても法務局で厳重封印されて誰も見ることができなくなっています。

しかし、「明治19年式戸籍」（図表1）と呼ばれるものは、前述のような廃棄・

戦災焼失等がなければ取得することが可能です。明治時代の戸籍まで取得できれば、そこには当然、江戸時代に生まれた方々が記載されています。

この戸籍取得も次項でお話しするとおり、これまでに比べて非常に簡易になりました。

ですので、これからご先祖探しを始める方は、まずは明治時代の自家の最古の戸籍まで取得することを目標にしてみましょう。

それよりさらにさかのぼる手法は第3章で詳しくお話ししますが、まずは千里の道も一歩から。戸籍取得で160〜180年前のご先祖様のお名前や本籍地などの情報を得てみましょう。

## 「戸籍の広域交付制度」で取り寄せが便利に

戸籍というのは、自身からさかのぼって上に上にと古いものまで取得していくことが可能です。

「上」とは、父母・祖父母・曽祖父母（さらにその上も）を指します。法律的にはこうした自身の上に位置する方々は「直系尊属《ちょっけいそんぞく》」と呼称されます（子ども・孫など、下に位置する人は「直系卑属《ひぞく》」と呼びます）。

こうした直系にあたる方々の戸籍を取得する権利を私たちは有しているため、戸籍取得によってご先祖探し・家系図作成が誰でもできることになります。

なお、父母の兄弟姉妹・祖父母の兄弟姉妹など直系の方々の「横」に位置する人は法律的に「傍系《ぼうけい》」と呼ばれますが、傍系の方を目指して戸籍取得することはできません。取得できるのは、あくまで直系に位置する方々だけになります。

このように、権利としては認められていても、実際にさかのぼって戸籍を取得することはこれまでは簡単ではありませんでした。というのも戸籍がそれぞれの本籍地に保管されており、それぞれの役所に請求・取得する必要があったからです。

現在東京に本籍を置かれている方でも、父は新潟県に本籍を置いており、さらに祖父の代には長野県から分家してきた、などということになると、まずは自身の戸籍を東京の役所で取得し、その戸籍のコピーを添えて父が本籍を置い

## 図表1　明治19年式戸籍の例

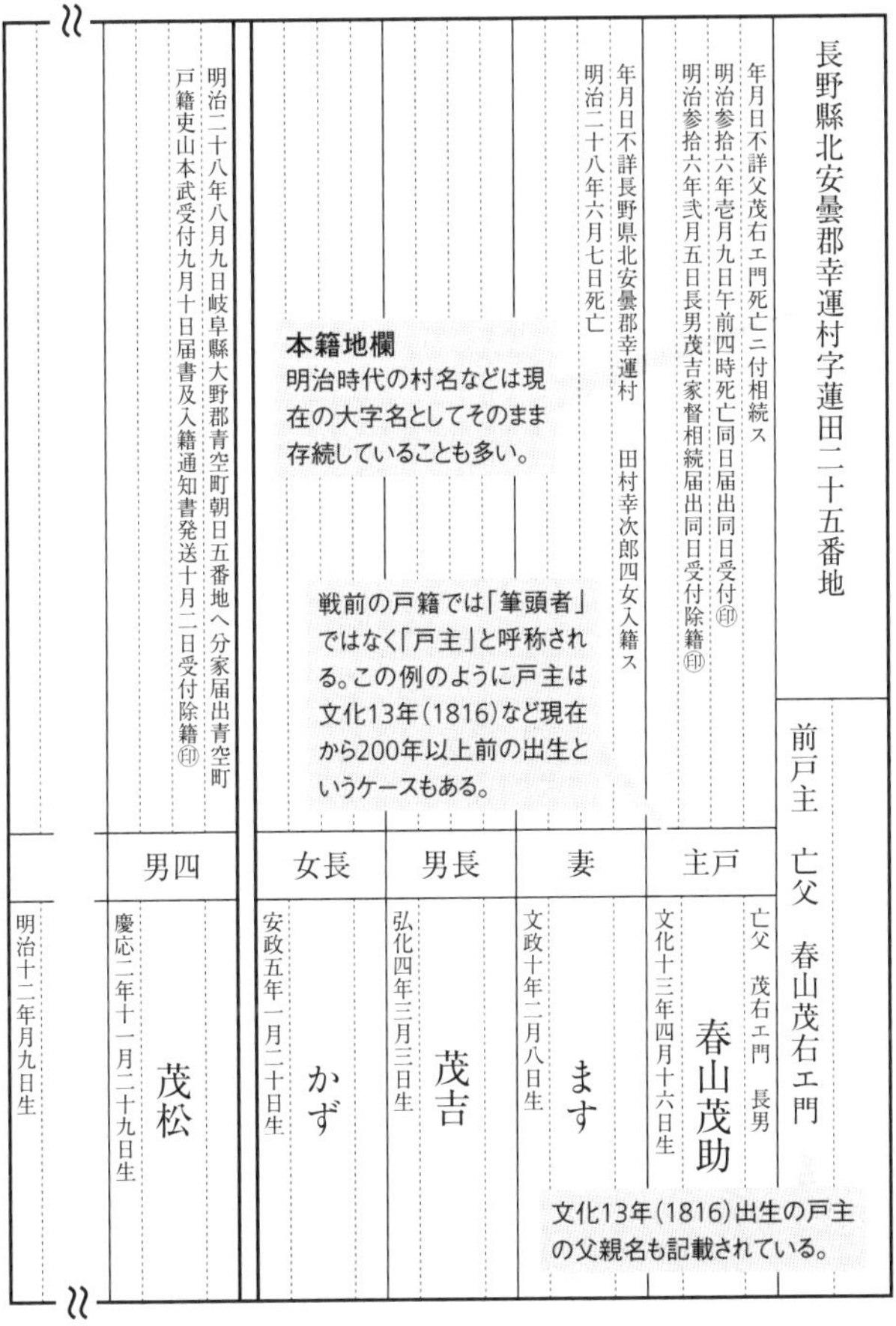
長野縣北安曇郡幸運村字蓮田二十五番地
前戸主　亡父　春山茂右ヱ門
年月日不詳父茂右ヱ門死亡ニ付相続ス
明治参拾六年壱月九日午前四時死亡同日届出同日受付㊞
明治参拾六年弐月五日長男茂吉家督相続届出同日受付除籍㊞
年月日不詳長野県北安曇郡幸運村　田村幸次郎四女入籍ス
明治二十八年六月七日死亡
明治二十八年八月九日岐阜縣大野郡青空町朝日五番地へ分家届出青空町
戸籍吏山本武受付九月十日届書及入籍通知書発送十月二日受付除籍㊞
戸主
亡父　茂右ヱ門　長男
文化十三年四月十六日生
春山茂助
妻
文政十年二月八日生
ます
長男
弘化四年三月三日生
茂吉
長女
安政五年一月二十日生
かず
四男
慶応二年十一月二十九日生
茂松
明治十二年月九日生
本籍地欄
明治時代の村名などは現在の大字名としてそのまま存続していることも多い。
戦前の戸籍では「筆頭者」ではなく「戸主」と呼称される。この例のように戸主は文化13年（1816）など現在から200年以上前の出生というケースもある。
文化13年（1816）出生の戸主の父親名も記載されている。

ている新潟県の役所に郵送で請求する、さらには新潟県の戸籍を読み解き、分家前の長野県の役所にまたそこまでの過程の戸籍のコピーを添えて請求するという作業が必要でした。

しかも、現実的には一人の人間であっても生涯で複数の戸籍を渡り歩いています（婚姻・転籍等により）。そのため、自身・父・祖父の戸籍をさかのぼって揃えていくには、何通もの戸籍を取得しなければならず、そのたびに役所も異なるというような事態でした。

しかも、郵送であれば定額小為替という一般的にはあまり馴染みのない券面を郵便局で購入して、それで戸籍取得の手数料を支払うことになります。お釣りも定額小為替で送られてきてということで、なかなかに面倒な作業でした。

ところが、2024年3月1日から「戸籍の広域交付制度」が施行されて、なんと全国どこの役所に保管されている戸籍であっても（自身が権利を有するものであれば）一つの役所から遠隔で取得できることになったのです。

これにより、自身の戸籍を複数箇所の役所に郵送で請求・取得し、次に父の戸籍を複数箇所の役所に申請し、さらに祖父の……などということを延々と繰り返す必要がなくなったのです。

自身の最寄りの役所に出向いて、そこで全国どこの役所の分の戸籍でもさかのぼって取得できてしまうのです。もちろん、明治時代の分まで取得できてしまいます。

これなら定額小為替も不要であり、一つの役所で通常の支払いをすれば済んでしまいます。

私などから見ますと、ご先祖探しが恐ろしいくらいに簡易化されたという印象です。

まずは戸籍の取得だけでもぜひやってみましょう。

## 国会図書館デジタルコレクションで先祖に対面できる人続出

戸籍取得が非常に簡易化されたことに加え、近年、ご先祖探し・家系図作成をされる方にとって非常に大きな進展がありました。

それが、国会図書館が提供する「デジタルコレクション」という書籍の画像提供サービスです。これにより、自身の祖父母・曽祖父母の知らなかった一面に触れることができるようになった人が続出しています。

同サービスはネット上にて無料で利用できるものなので、「まずは戸籍取得をし、その後、国会図書館デジタルコレクションで先祖について検索する」というように覚えていただくとよいと思います。

しかし、この話をすると、たいていの方が、

「いやいや、ウチはそんな大した家柄でもないし、祖父母・曽祖父母も有名人ではないから世間で刊行されている書籍に登場するはずはないですよ」

という反応が返ってきます。

ところが、まさに一般家庭に属し著名人でもない私の祖父も、デジタルコレクションを利用すると出てきてしまうのです。

私の祖父は「丸山一次」という名前で、新潟県長岡市で生まれ育ち、その後に東京に出てきました。ですので、実際に「長岡市　丸山一次」というワード

## 図表2 国会図書館デジタルコレクションで祖父の名前を発見!

国会図書館
デジタルコレクション
https://dl.ndl.go.jp/

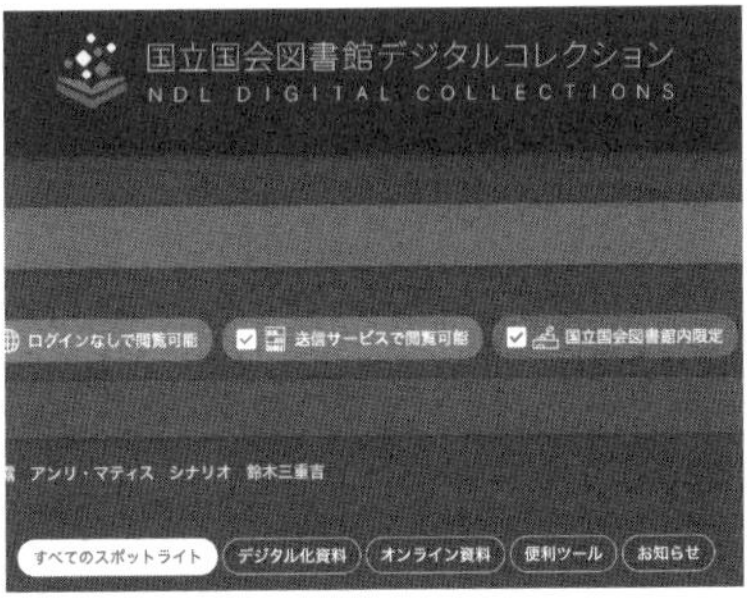


「長岡市　丸山一次」
と単純に祖父の名前
を入れてみる

そのキーワードを含む
書籍が検索される

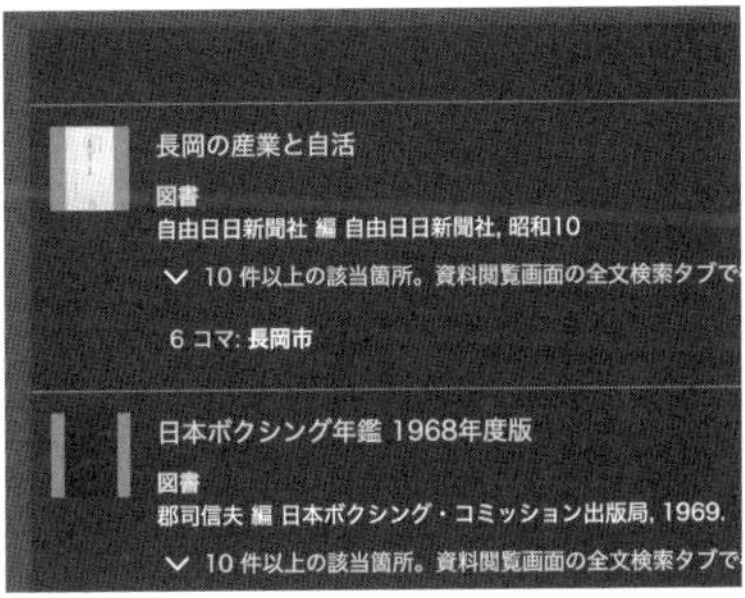

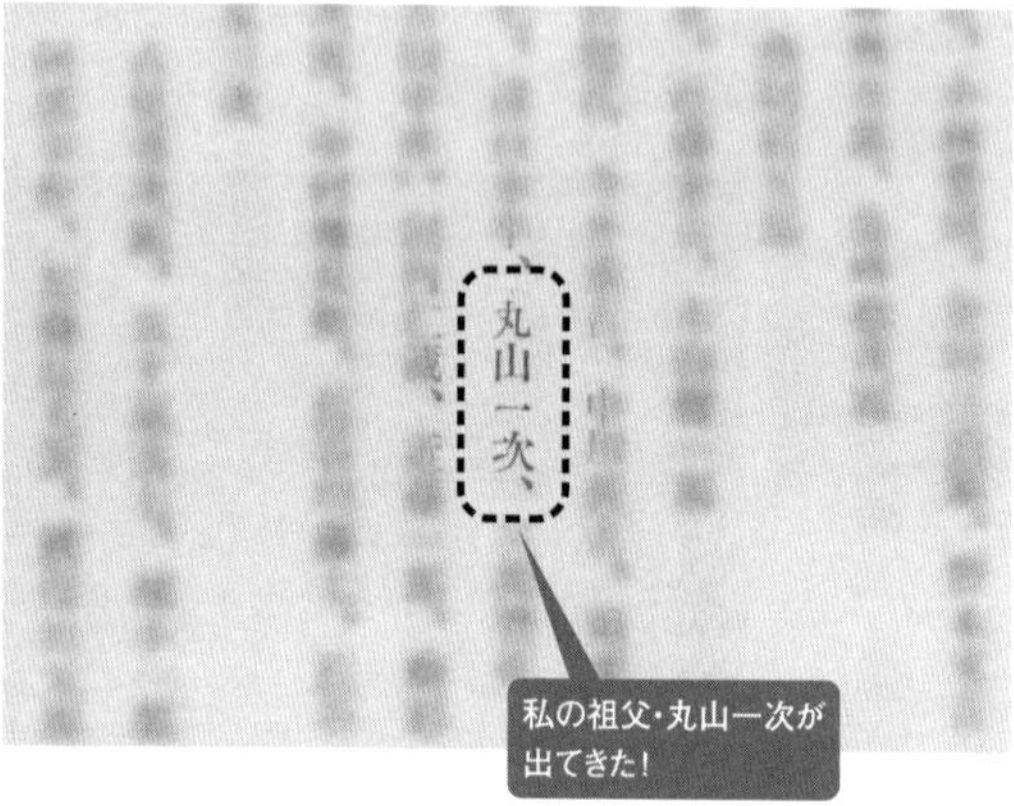


で検索すると図表2のような画面が出てきます。

いちばん先頭に出てきた『長岡の産業と自活』（昭和10年刊行、自由日日新聞社）をクリックして、そこでまた「全文検索」という箇所に「丸山一次」と入力すると、148ページが表示されます（上に拡大図）。

そして見てみると、確かに私の祖父・丸山一次の名前が登場します。

前後の文章を読むと、昭和10年当時の長岡市内の文治町《ぶんじまち》の伍長（現代の自治会長のようなもの）として書き出されていることがわかります。

実はこのように、昔の書籍（主に郷土誌）には地域の役職者の名前や旧家についての記述が非常に多くみられます。郷土誌によっては、地域の各軒の当主名を書き出しているものもあります。

重要なので繰り返しますが、この国会図書館デジタルコレクションの凄いところは日本の古い書籍数百万点が画像化されているだけでなく、その書籍内に記載されている文章のすべてが検索対象になっていることです。

これがたとえばタイトルや見出しまでしか検索対象でないとすると、よほどの著名人でなければ出てこないのですが、全文となると、このように一般人までピックアップすることが可能になるのです。

デジタルコレクションがここまで充実したのは2022年12月のことです。これもまたつい最近の変化ですのでご存じない方が多いのが実状です。

ちなみに、私は子どもの頃、大相撲が大好きで、江戸時代からの相撲の歴史を調べて楽しんでいました。そして、明治～大正時代にかけて活躍した名横綱である常陸山《ひたちやま》（第19代横綱）、梅ケ谷《うめがたに》（第20代横綱）について話してくれる祖父が大好きでした。

当時子どもだった私は祖父が「何者」であるのかはよくわかっていませんでしたが、後年、親戚から「おじいちゃんは遊び人」「着物の仕立て職人だった」という話を聞かされて、それはそれで味わいがあるなあ～などと思っていたのです。

右記の検索をし、祖父が長岡市文治町の顔役であったことがわかった訳ですが（ちなみに生まれた場所は長岡市内でも異なる場所です）、ふと思いついて『角川日本地名大辞典15新潟県』（角川書店）で文治町について調べたところ、明治39年にこの土地に遊郭を集めた旨が記述されていました。

遊郭ということは何やら着物の需要が多そうですし、「遊び人」の話とも符合しそうです。

この点については、仕事が一段落したらじっくり調べてみたいなと思っています。

## 知られざるご先祖様の一面に感動

デジタルコレクションで調べてみたら私の祖父は遊郭の町の顔役であったらしい～という話を YouTube でしたところ、登録者が1万人にも満たない弱小チャンネルにもかかわらず100件を超える多数のコメントをいただきました。

視聴者の方もご自身の祖父母・曽祖父母・ご先祖様のお名前で検索したところ、やはり情報を得られた方が多いようです。コメントとしては次のような内容のものがありました。

・曽祖母が某病院で産婆さんとして働いていたことがわかりました。
・5代前の方が従事していた分野がわかりました。
・医師であった亡き父のことが掲載された雑誌がたくさん出てきて驚きました。

・鉄道職員録で祖父の名前が出てきました。
・亡き父の論文の情報が出てきました。
・祖父のことが複数出てきました。官報にも載っていました。
・どんな仕事をしていたか不明だった曽祖父の名前が帝国医籍宝鑑（医師名簿）にありました。
・高祖父よりも前にさかのぼれてびっくりしました。満州国のデータがあるのにも驚きました。
・移民名簿にブラジルに移民した本家の名前を発見して感激しました。
・写真が趣味だった祖父の写真雑誌に入選した作品が出てきた。
・祖父は無声映画時代の時代劇俳優でたくさん出てきました。
・なぜお爺さんのところに人が多く訪ねてきたのか不思議でしたがわかりました。
・祖父が巴里万博等々に美術品を出品していたことがわかりました。

このように、数代前の方々の知らなかった一面に触れられる可能性が出てきたということです。

ただし、これもできるだけ古いご先祖様のお名前を知ってこそ検索が可能になるものです。やはり戸籍をできるだけさかのぼって取得して正確に把握する必要があるのです。その戸籍取得が前述のとおり非常に簡易になった訳ですから、戸籍取得＋国会図書館デジタルコレクション検索をやらないのはもったいないといえるでしょう。

余談ですが、検索対象はご先祖様たちだけではありません。エゴサ（自分の名前で検索）すると自分自身のことが出てくる場合もあり、昔の雑誌に自身が投稿した記録が出てきてびっくりしたという声もありました。

先ほどから「昔の書籍」と書いていますが、実は平成に刊行された書籍・雑誌もデジタルコレクションにどんどん収載されています。

私が平成6年に某小説雑誌の新人賞に投稿して二次選考で落とされた黒歴史（？）を思い出して、まさかとは思いながら応募小説のタイトルで恐る恐る検索したら、ばっちりその選考結果を掲載した雑誌誌面の画像が出てきました。

そうです、ご先祖様のことをデジタルコレクションで検索している私たちもいずれ末裔たちから見るとご先祖となり、「曽祖父母の名前で検索してみようか」となった時の検索対象になるのです。

なお、書籍だけではなく官報も検索対象ですから意外と一般人の情報が出てくるのです。

## 費用は1万円弱、ルーツをたどって日本史の世界に

どうでしょうか?

これまで祖父母より上のことなどまったく知らなかったという方でも、最寄りの役所で古いところまで戸籍取得をして、そこで判明したご先祖様のお名前を国会図書館デジタルコレクションで検索するだけなら、だいぶ身近に思えるのではないでしょうか?

明治時代までの戸籍取得にかかる費用は、当然その家により異なりますが、

一つの家分だと1万円弱です（第3章参照）。

そして、デジタルコレクションは無料で誰でも使用できます。パソコンでもできますが、スマホでもOKです（ただし、デジタルコレクションの利用にあたっては利用者登録をしないと見られない資料もありますし、一部、国会図書館内の端末でしか見られないものもあります）。

ここまでは、やろうと決めたらほぼ誰でもできてしまいます。

年代にして現代から160～180年前までのご先祖様の系譜を知り、場合によってはデジタルコレクションでそれらの方々がどのような生活を送っていたかをたどる。ぜひ明日からでもご先祖様を知る旅に出立していただけると嬉しいです。

なお、このように簡単に手が届くようになった幕末・明治・大正時代ではありますが、令和時代を生きる私たちにとってはもはや日本史の世界です。

幕末の戊辰戦争、西南戦争では国内で多くの血が流されました。

ご先祖様のことを調べたら、幕末期は某藩の足軽であり薄給でありながら戊辰戦争が始まると最前線に送られ討死をしたという記録に出会うこともあります。

明治10年の西南戦争（現在から150年ほど前）、明治37〜38年（120年ほど前）の日露戦争などは、私たちにとってはドラマで観るような日本史の世界ではありますが、デジタルコレクションで出てくる郷土誌内には従軍した人の氏名、戦死した人の氏名が多く列挙されています。

それらの方々は戸籍取得するとお名前が出てくるような方々です。

ご先祖様のことを少し本気で調べるだけで、日本史の中を生きていた記録に簡単に出会える時代です。これまで名前も知らなかった、あるいは名前だけは知っていたご先祖様が途端にその息遣いまでもが感じられる存在になります。

たとえ大きな日本史の事件に巻き込まれていなくても、戸籍を見て初めてご先祖様の住んでいた土地を知ることもあります。これまで聞いたこともなかった本籍地の場所を知れば、その土地を訪れてみたくなります。

また、なぜか本籍地ではない土地で死亡しているご先祖様の記録に出会うこともあります。

なぜこの地にたどりついたのか。興味を持ち、ご自身で図書館にこもって調べ、予想を超える真相にたどりつくこともあります。

そうです、戸籍取得、デジタルコレクションだけでは飽き足らず、それ以上を知りたい、調べたいという欲求が出てくるのが次の段階です。

次の章では、戸籍以上にご先祖様のことを知りたいと強く願い、私に先祖調査・家系図作成を依頼された方の実際の3つの案件についてお話ししようと思います。

第2章

# 先祖調査の実例をお話しします

さて、先祖調査を始めると実際どんなことが起こるのでしょうか？

それを擬似体験していただくために、本章では私が仕事として行った、戸籍の範囲を超えた調査の様子を3件お話しします。

よりリアルに感じていただくためにも、この3件のご依頼人様方には実名での登場をお願いし、ご快諾をいただきました（なお、ご家族様やご先祖様のお名前は必要な場合を除き、仮名としています）。

まずは、本書の冒頭で紹介した実例です。母方のルーツが四国にあり、調査の結果、古い墓石にも出会えた佐藤美加さんのケースをお話ししましょう。

## 実例① 北海道に渡る前の母方・越智家のルーツと墓地が判明した佐藤美加さんの場合

### 父方・佐藤家は仙台藩の陪臣と判明。さて母方の越智家は？

佐藤美加さんから先祖調査・家系図作成のご依頼をいただいたのは2021

年10月のことです。前々からご自身のルーツについて気になっており、昔のことを知っている方も少なくなっていく中で、今やらないと何もわからなくなってしまうのではないかと危機感を覚えたそうです。

特にご両親と娘さんに残してあげたいとの想いから、父方・佐藤家と母方・越智家の両方についてのご依頼となりました。

実は、お父様の具合があまり宜しくないとのお話でしたので、父方・佐藤家のほうを特に急いで進めるようにしました。

佐藤家については「武士だったようだ」という伝承があるものの、はっきりしたことはわかりませんでした。

私のほうで調査をした結果、佐藤家は江戸時代に現宮城県内のある村に居住しており、仙台藩（藩庁が仙台市に所在した藩）の陪臣《ばいしん》と呼ばれる身分であったことが判明しました。

陪臣というのは「家臣の家臣」という意味になります。江戸時代に武士であった家の多くは、どこかの藩の藩士ということになります。たとえば、尾張藩（藩庁が名古屋市に所在した藩）の藩士という場合、尾張藩主であった尾張徳川氏の家臣であったということになります。現代風にいえば、尾張藩主に直接雇用されているといえます。

尾張藩に直接雇用されている尾張藩士の人々は、藩が作成する分限帳《ぶんげんちょう》という藩士名簿に名前が書き出されます。ですので、江戸時代に藩士であった家の場合には、現存している藩の分限帳を調べることでご先祖様のことが色々とわかってきます。

しかし、藩士は、それぞれがまた自身が雇用する形で自らの家臣を召し抱えているという構造になっており、その藩士たちが独自に召し抱えていた家臣は、基本的に藩の分限帳には記載されません。陪臣は記載の対象にはならないのです。もちろん、それぞれの藩士が独自に自身の家臣たちを書き出した分限帳も一部現存していますが、本当に少数であり、その実態もよくわからないのが実状です。

さて、ご依頼人の佐藤美加さんの父方である佐藤家は、仙台藩のある上級藩士に召し抱えられていた陪臣であったことが、残されている古文書から判明しました。

私のほうで地域に残っていた古文書を読み解き、そこからわかる内容で家系図を作成したのですが、実はそのすぐ後にお父様は逝去されてしまいました。亡くなる直前に、美加さんを通じてお父様が調査結果を大変喜んでいるとのメッセージをいただき、嬉しく思いました。

お父様のお身体の事情もあり、佐藤家の調査を優先しましたが、そこから少し遅れる形で進めた母方・越智家の先祖調査もまたドラマチックな展開を見せたのです。

## 先祖探しで出くわす「番戸」「番屋敷」という昔の住居表記

母方の越智家は、明治時代以降は北海道で暮らしていましたが、それ以前については「愛媛県の越智郡の出身ではないか」と伝わる程度であり、はっきりとはわかりませんでした。越智郡出身という部分は越智姓からの連想でもあるのかもしれません。

実際に、ご依頼人からさかのぼり母方の戸籍を古くまで取得したところ、明治時代前半までは確かに愛媛県に本籍を置かれていたことがわかりました。ただし、越智郡ではありませんでした。

取得できた最古の戸籍は、佐藤美加さんの4代前（高祖父）である越智佐次兵衛（文政8年＝1825年生まれ）を戸主とするもので、本籍地は愛媛県宇摩郡戸崎村（仮名）でした。

越智佐次兵衛を戸主とする戸籍は、明治19年式の現在取得できうる最古のものです。

そこには、戸主・佐次兵衛の父親名（千次郎）がかろうじて記載されておりましたが、佐次兵衛の妻については記載がまったくなく（明治19年式戸籍に切り替わる前に亡くなられたためと思われます）、お名前も不明でした。

戸籍の内容を見ていくと、佐次兵衛には3人の男子がおり、長男の「源太郎（仮名）」は佐次兵衛が隠居したのちに家督を相続していますが、明治40年に北海道の某地に転籍して愛媛県を離れていることがわかります。

佐次兵衛の二男は「徳次郎」という名前で、佐藤美加さんの曽祖父にあたります。その徳次郎は兄・源太郎よりも早い明治27年に北海道に転籍をされていることが戸籍に記載されていました。

系図にしますと、図表3のようになります。

戸籍をさかのぼることにより判明した、この愛媛県宇摩郡戸崎村（現愛媛県○○市大字戸崎）という土地については、ご依頼人の佐藤美加さんのお母様もまったくご存じなく、当時の越智家の菩提寺がどちらであるのかも不明という状態です。

そうした状況ではありますが、美加さんとしては「この愛媛県時代の越智家のご先祖様のお墓が今も残っているのであればお参りをしたい」とのご希望でした。

しかし、佐次兵衛の長男である源太郎が北海道に渡ったのも明治40年

（1907）と、120年近く前のことです。近くの土地に移住したのであればまだしも、四国と北海道ですから、その後、末裔の方が四国のお墓に頻繁に来ているとも思えません。

正直なところ、当時のお墓が無事に現存している可能性は低いように私には思えたのです。

## 番戸・番屋敷という表記の難しさ

実は、かつての墓地を探すにあたり、この案件では一つの困難がありました。明治19年式戸籍により、かつての本籍地が宇摩郡戸崎村であること、現在の○○市大字戸崎という場所であることまでは確認できたのですが、この「戸崎」という地区は結構広い土地で、しかも「番地」が書かれていませんでした。代わりに「22番戸」と表記されています。

この番戸《ばんこ》（「番屋敷《ばんやしき》」と書かれることも）という住居表示は明治時代に使用された独特のもので、その後の番地とはまったくリンクしていません。一説に

## 図表3 戸籍で判明した越智家の系図

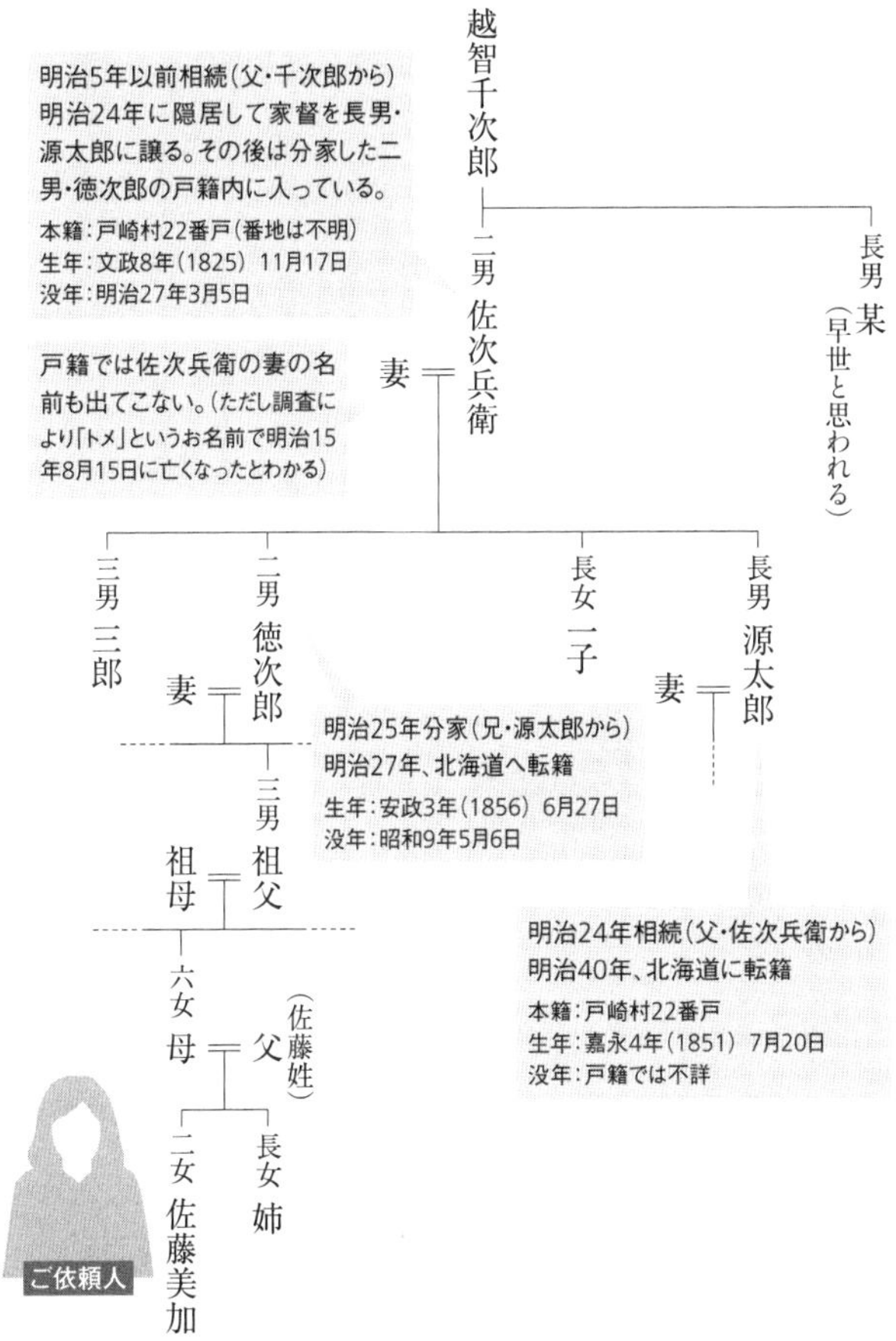

は村の中心となる庄屋宅やお寺などを「1番戸」とし、そこから順番に振っていった数字ともいわれますが、その実態はよくわかっていないのです。

さらに、新たに現代に通じる番地として番号が振りなおされた際、それ以前の番戸とはまったく関連性がない振り方をしたために、古い戸籍に記載された本籍地が「番戸」「番屋敷」という場合には、それが現代の何番地に相当するのかがわからなくなるという事態が起きてしまいました。

これは先祖探しにおける大きな問題点で、古い戸籍を取得した際、本籍地が現在に通じる番地ではなく、番戸・番屋敷という表記になっている可能性が結構あるのです。

当然、その家がその後も同じ場所に居住を続けていれば、その後の戸籍の新しい番地を見れば現在の位置を正確に知ることができます。ところが、この越智家のように、明治時代に他の土地に転籍をしている場合には、番戸表記の戸籍だけが現在までポツンと移住元の役所に保管されている状態になります。北海道に転籍後の戸籍を見ても「愛媛県宇摩郡戸崎村22番戸より転籍」としか記載されていませんので、やはり、それがその後の何番地に該当するのかがわかりません。

しかし、この「番戸」「番屋敷」問題の解決法がない訳ではありません。それは、法務局に保管されている「旧土地台帳」という文書を閲覧するという手法です。

実際の方法は後述するとして、この調査ではまず越智家の愛媛県時代の菩提寺を見つけることから着手しました。


**菩提寺探しに思わぬ落とし穴⁉**


現代ではもちろん信仰は自由ですが、江戸時代には幕府によって日本人全員が仏教徒であることが強制されていました。そのため、実際の信仰とは関係なく、全員が必ずどこかのお寺の檀家（門徒）であることを義務付けられたのです。

そのような事情のもと、明治時代に入っても、多くの家々が同じ寺の檀家として存続しました。調査の観点からすれば、その菩提寺を突き止めることで、ご先祖様の記録に出会えるかもしれないし、墓地についての見当もつくかもしれません。

そのため、まずは愛媛県時代の越智家の菩提寺を探そうと考えた訳です。愛媛県時代のことがまったくわからない状況では、当然、菩提寺の見当などもつくはずがありません。そこで、私は、まずは本籍地・宇摩郡戸崎村の歴史について調べてみました。

戸籍以上にご先祖様のことを知ろうとする場合に、本籍を置いた村（町）のことを調べるのは基本中の基本となります。

『角川日本地名大辞典』には、鎌倉時代以降の史料上から確認できるすべての村・町についてその歴史が詳述されていますので私は愛用しています。

越智家の居住した「戸崎村」（仮名）について調べたところ、その村には唯一「安楽寺」（仮名）という寺が所在していることがわかりました。村に一軒しかお寺がない場合、村の家々がその寺の檀家である可能性はきわめて高いといえます。

私はまず、安楽寺に事情を記した手紙を差し出した上で電話をさせていただきました。もし、同寺の檀家であったのであれば、美加さんの高祖父にあたる「越智佐次兵衛」やその父親である「越智千次郎」の記録がお寺の過去帳に記載されているはずです。

お寺の過去帳には、檀家が死亡するとその情報（没年月日、戒名、俗名等）が記載されます。そのため、ご先祖調査の中では「お寺の過去帳」というワードがよく出てきます。

お寺の過去帳は個人情報の問題もあって全宗派共に閲覧禁止になっており、「先祖の記録を見せてください」などと安易にいえるものではありません。そもそも過去帳は公文書ではないので、お寺側としても開示する義務はないのです。ですので、ご先祖探しの中でできることは、ご住職にお願いをして過去帳の情報を見ていただき、それを教えていただくということだけです。

これはもう、丁寧にお願いする以外にはありません。また、その際できるだけ多くの情報（戸籍からわかる名前、没年月日）をこちらからお伝えすることが重要です。

この事例では、明治27年3月5日没の越智佐次兵衛や、父親である「越智千次郎」（幕末か明治初期の没年と推測される）について確認をお願いすることになります。趣旨を手紙に記載して差し出した上で、私は安楽寺に電話をしてみました。

ご住職からは、「ウチの寺は江戸時代には檀家を持っておらず、明治時代になってから近隣2寺から檀家が移ってきたのです。ですので、明治時代にこの土地を離れてしまったという越智家の記録は当方にはないのです」とのお話を伺いました。

安楽寺は江戸〜明治時代の途中まで檀家を持たなかった訳ですから、明治時代の途中で北海道に転籍した越智家は、安楽寺の檀家ではあり得ないということになります。

戸崎村の家々は江戸時代には近隣（といっても他村）の2寺のうちのいずれ

かの檀家であったようですので、私はさらに問い合わせの範囲を広げることにしました。

## 菩提寺がわかり記録が出てきた！

安楽寺ではなく、どうやら隣接した村にある2寺のうちのいずれかが菩提寺であったであろうとの話になり、その2寺にも私は手紙を書き、電話をすることにしました。

このように、ご先祖探しでは地道な作業を繰り返していくことになります。

そして、とうとう「佐次兵衛の記録がありますよ」というお寺が見つかりました。蓮福寺（仮名）というお寺でした。

ご住職のほうでさらに調べてくださるとのことでしたので、私は墓石探しも含めて、とりあえず現地に向かおうと飛行機に乗り、愛媛県の蓮福寺をお訪ねしました。

結果的に、佐次兵衛本人の没記録の他に、その妻である「トメ」の記録が明治15年8月15日没で記載されていることを教えていただきました。

ただ、佐次兵衛の父親である「千次郎」の記録がどうしても見つかりません。もちろん、千次郎も蓮福寺檀家として亡くなってはいるはずなのですが、出てきません。

ご住職によると、江戸時代後期から明治時代にかけては無住（住職がいない状態）の期間も多く、過去帳の記録も断片的になっているとのことでした。

大正時代以降は住職が安定的にいるようになり、檀家を一軒一軒まわって位牌や家の過去帳、墓石などから各家のご先祖様の記録を採り、寺の過去帳に改めて書き付けていったそうです。いわば、無住時代の不完全な過去帳をきちんと埋めていく再製作業が試みられたということです。

一方で、明治時代に北海道に渡ってしまった家々は、そうした再製の作業が行われなかったために、お寺の過去帳に記録が残らないという状況になってしまった訳です。

明治時代、開拓が進む北海道には大きなチャンスがたくさんありました。ニシン漁などで成功すれば経済的にも裕福になれました。

そうした新天地としての北海道移住を実行された家も多く、戸籍をさかのぼって取得すると、明治時代前期には本州のどこかの県に本籍がありながら北海道に転籍しているという家は非常に多く見られます。渡道した家々の移住元の村のことを調べてみると、明治時代に凶作がひどかったなど、本当に決死の思いで北海道に渡ったのだなと、当時の心情が感じられることもあります。

また、北海道移住によって、移住元の菩提寺との交流も次第になくなり、記録がこのように曖昧になってしまったというケースも数多く見てきました。

越智家もまさにそうした家の一つではありましたが、それでもご住職の協力により愛媛県時代の菩提寺が判明し、戸籍ではわからなかった高祖父（佐次兵衛）の妻の記録が出てきたことは、それだけでも有難いことだといえます。


**法務局で旧土地台帳を1番地からすべて閲覧**

ところで、越智家の墓石についてですが、ご住職のほうでも「集落墓地にある家もあるし、家のそばに墓地がある家もあり、お探しの越智家の昔の墓地が現存しているのか無くなっているのか、なんとも言えないところですねえ……」とのことでした。

そこで、私はまず、越智家の本籍地である「戸崎村22番戸」という場所がいったい現在の何番地に該当するのか、それを解明する手法を試みるべく法務局に向かったのです。

前述のとおり古い戸籍では本籍地が「番戸」「番屋敷」で表記されているため、現在の何番地に該当するのかわからないという問題があります。役所に問い合わせても、そうした対照はできません。通常はそれで諦めてしまうところですが、一つだけ解明できるかもしれない方法があります。

それは、法務局に所蔵されている「旧土地台帳」を閲覧することです。

旧土地台帳とは、明治時代から戦後すぐまで使用されていた課税用の台帳です（図表4）。

## 図表4 旧土地台帳

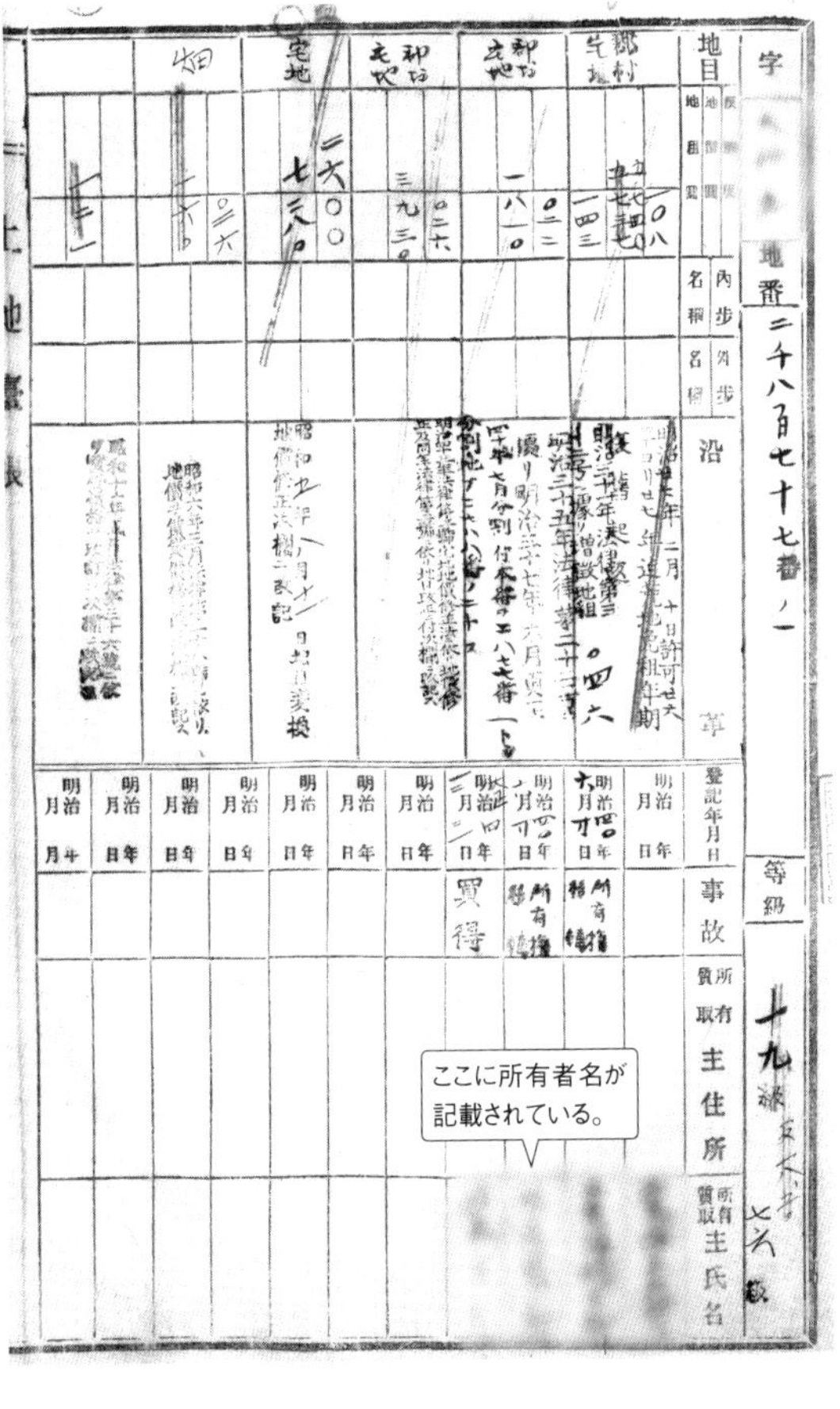

当時の村（町）の土地一筆ごとに1枚の紙が作成され、土地の地目（宅地、田畑など）の他、所有者の変遷が書き込まれています（最下段）。

旧土地台帳は明治時代に始まったものとはいえ、昭和になってから「番戸」でなく「番地」で再製されています。そのため、どこかの番地の紙に宅地の所有者として先祖の名前が出てくれば、そこが居住地であったと知ることができます。古い戸籍と旧土地台帳の情報を重ね合わせることにより初めて「番戸」「番屋敷」が「番地」に変換されるのです。

ただし、ご先祖様が土地を賃借して暮らしていた場合には、所有者として名前が出てこず、この方法は徒労に終わることになります。そのようなケースも結構あるのが辛いところです。

今回の事例では、戸崎村（その後の〇〇市大字戸崎）の地区の旧土地台帳を1番地から最終番地まですべてめくって見ていくことになります。

ただし、一つの村でも1000番地を超える場合があり、枝番も含め、大量の紙を一枚一枚めくって目視していくことを強いられます（残念ながら現時点で電子化・データ化はされていません）。また、紙は1番地から順に簿冊として綴じられているのですが、これがまた古い紙で折れ曲がったりもしているため、めくるのも一苦労。私の経験でいうと、標準的な一村の旧土地台帳を全地番分めくって目視するのに半日はかかります。

それでもこれが、ご先祖様の本籍地が「番戸」「番屋敷」でしか表記されていない場合に対照する「番地」を探す唯一の手段なのです。

この手法を取ろうとする場合に重要なのが、事前に旧土地台帳の閲覧が可能かどうか管轄の法務局に確認しておくことです。というのも通常、旧土地台帳は番地を指定して発行してもらうものだからです。ある地域（村・町）の旧土地台帳を1番地からすべて目視して目的のものを探していくというのは例外的であるといえます。

閲覧が不可（もちろん目的によりますが）とされている法務局もありますので、必ず事前に電話をして「旧○○村の分を1番地から最終番地まですべて閲覧していきたいのですが大丈夫ですか？」と確認してから出かけましょう。

## 土地共有者としての、重要な手がかりを発見

さて、実際に旧戸崎村地区の台帳をすべて見ていった結果どうなったのか？

結論としては、ご依頼人の越智家は戸崎村において宅地や田畑は所有しておらず、そうした地目では所有者としてお名前が出てきませんでした。そういう意味ではまさに徒労に終わったともいえるのですが、その一方で大きな発見がありました。

宅地・田畑ではありませんが、一か所だけ佐藤美加さんの曽祖父にあたる「越智徳次郎」のお名前が出てきたのです（図表5）。

通常は右から順に所有者の移り変わりを示しているのですが、これはそうではなく計20名以上の人物がこの土地の共有者として並列に書き出されていたのです。

そして、この土地の地目は「墳墓地」となっていました。

つまり、墓地となっている土地を二十数名の人物が共有しているということです。そして、ご覧のとおり全員が越智姓でした。

## 図表5 旧土地台帳に徳次郎が出てきた

集落の家々が利用できる「集落墓地」というのは多いですが、その共有者が全員、同姓であるとなると集落墓地ではなく「一族の墓地」であると推定できます。人数からして、近い親戚だけで所有しているものではなく、江戸時代からこの近辺の越智一族の墓地であったと考えられました。

それにしても、なぜ本家を継いでいるはずの源太郎（徳次郎の兄）ではなく弟だけが名前を連ねているのかは不明です。通常であれば本家である源太郎の名前になりそうなものですが、先祖探しにおいては不思議なことも多々出てきます。

番地を確認すると、「戸崎753番地」。そこに現在も依頼人の母方・越智家の墓石が残っているかはわかりませんが、とにかく現場に行ってみる必要が出てきました。

**ご先祖様の墓石についに対面！**

早速、越智一族の墓地らしい戸崎753番地についてWeb上の地図を確認しましたが、同番地は表示がされません。建物などがないと一般的な地図には表示がされないのです。

しかし、そうした時こそ法務局に備え付けの正確な全地番入りの地図が役立ちます。

早速、私は当該部分の地図を発行してもらい車に乗り込むと、その近辺で表示がある番地をカーナビに打ち込み発進させました。

さすがに100年以上経過した墓石は残っていないにしても、その土地には依頼人の祖先が眠っているはずです。それを報告できるだけでも私としては嬉しいことですので、安全を優先しながらもアクセルを踏む足には力が入りました。

そうして本書の冒頭に話が戻っていきます。

近くと思われる場所に車を停めると、田畑が広がっている地域で民家もあまりない場所でした。

そのため、正確な地図とはいっても目標物が少なく、しばらく周囲をウロウロし、農作業をしている畑の所有者に声を掛けて教えていただきながら、ようやく目指す場所にたどりつきました。

まさに大量の墓石が並び、いずれにも「越智」の文字が刻まれていたのです。

そして、ついに依頼人の佐藤美加さんの母方曽祖父である越智徳次郎の兄「源太郎」の名を刻んだ墓石に遭遇したのでした。また、源太郎・徳次郎兄弟の父親である「越智佐次兵衛」の名前もそこにありました。

その墓石の実物がこちらです（図表6）。

ご覧のとおり「俗名源太郎　越智佐次兵衛之長男也」と書かれていますので、これは徳次郎の兄・源太郎の墓であることがわかります。越智佐次兵衛の長男である旨も記されています。

大正13年（1924）に亡くなられており、およそ100年前に建立されたものになります。

戸籍によれば、源太郎は明治40年に北海道に転籍をしていますが、北海道に移住後も大正時代までは愛媛に墓石を建てていたことがわかりました。遠い土地でありながら、できるだけご先祖様が眠る土地に縁を持ち続けようとしたことが感じられます。

こうして、おおもとの本籍地である戸崎村の中で、正確な居住地も不明、菩提寺も不明、墓地がどこにあるのか現存しているのかも不明というところから始めた調査であっても、色々な方にご協力をいただき、かつ地道に資料にあたることによって、運よく母方の越智家のご先祖様が眠る場所までたどりつくこ

## 図表6 発見された越智家の墓石

とができました。

すべてうまくいくとも限りませんが、やはり行動をするとご先祖様に出会える確率は高まっていきます。

なお、私からの報告を受けて、ご依頼人の佐藤美加さんは娘さんを連れてこちらのお墓にお参りをされたとのことです。

## 実例② 戸籍が戦災で焼失していながらも江戸時代までさかのぼれた塚田季明さんの場合

### 「祖父だと思っていた人が実は祖父ではないようです……」

続いては、私が「奇跡の先祖調査」と名付けている、戸籍の戦災焼失を乗り越えてご先祖様がたどれた塚田季明《としあき》さんのお話です。

私の手帳によれば、塚田季明さんが先祖調査・家系図作成のご依頼のために当事務所を訪れたのは2019年8月のことです。

塚田さんは一通りの挨拶を終えると「塚田家の家系図を作成したいのですが、話は色々と複雑でして、そもそも私がこれまで祖父だと思っていた塚田拓郎は実の祖父ではないようなのです……」と、いきなり興味深い話を始めました。

塚田拓郎（祖父）
║――――塚田五郎――――塚田季明（依頼人）
多美（祖母）

これが父親である塚田五郎（故人）から聞いていた系譜であり、五郎自身も当然そのように思っていたようです。

ところが、お墓参りに行ったある時、それまで気にも留めていなかった墓石の側面を何となく見てみました。実際の墓石の写真がこちらです（図表7）。

祖父の拓郎は昭和4年10月15日に亡くなっているのかあ……自分が生まれる

30年以上前だから、この祖父のことはまったくわからないな。57歳で亡くなっているということは明治時代の初期の生まれだな。ずいぶんと世代間の間隔があいているな……あれ？

その時に塚田季明さんは重大なことに気付いてしまいます。

あれ？　父・五郎は昭和5年9月の生まれだから祖父・拓郎が亡くなる直前に祖母・多美が父を妊娠したということか？　いやいや、それだと祖父・拓郎が亡くなってから11カ月後に父が生まれていることになってしまう!?

こうして、これまで祖父と信じてきた人物（拓郎）が実の祖父ではないことに気付いてしまったのです。さらに、そんな折にまだ学生である自身のお子さんから「お父さん、塚田家ってどんな家なの？」と聞かれてしまいました。

そもそも祖父と思っていた塚田拓郎についてもどんな人物なのかわからず、まして塚田家がそれ以前にどこに居住して何をしていた家なのかも想像がつきません。

「これは一度きちんと調べてみないといけないな」

このような経緯のもと、塚田さんは私のところに依頼に来てくださったのですが、実はこの案件は予想以上に難航し、その上コロナ禍ということもあって全容が解明されるまでに4年の歳月が費やされることになろうとは、塚田さん

図表7　塚田家の実際の墓石

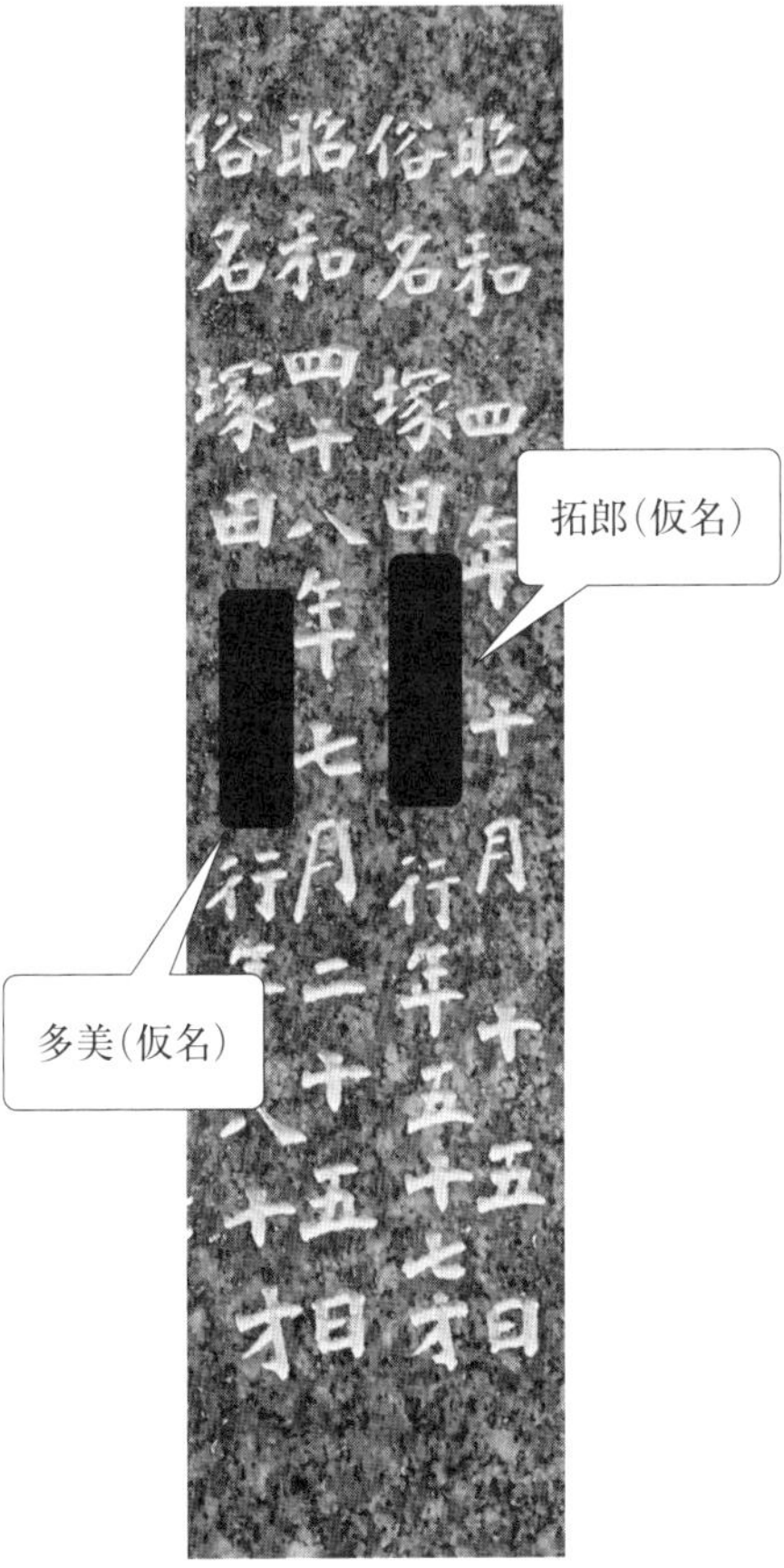

も私もこの時はまったく予想しませんでした。

## 戸籍は戦災で焼失！

これまでもお伝えしているように、先祖調査・家系図作成の基本は戸籍取得にあります。

今回も、まずは依頼人の塚田季明さんからさかのぼって取得、最も古い戸籍は季明さんの祖母である塚田多美さんが載っているものでした（図表8）。

戸籍で何代さかのぼれるかは依頼人の年齢やその家の世代間隔にも左右されますが、通常は4～5代前の方までは出てくるものです。

それなのに、なぜここまでしか取得できなかったかというと、戦災による戸籍焼失です。東京の中心部などは戦災による焼失が多く、貴重なご先祖様の記録がこの世から消えてしまっているのです。

なお、祖母・多美が記載されたこの戸籍の戸主は、多美の夫・塚田拓郎との間にできた長男である塚田一郎です。多美はその息子を戸主とする戸籍内に

## 図表8 取得できた最も古い戸籍

本籍　東京市向島区○○町○丁目○○番地

（略）

昭和四年十月拾五日前戸主塚田拓郎死亡に因り家督相続

東京市本所区○○町○○番地より転籍届出昭和拾壱年八月拾四日受附入籍

山田花子と婚姻届出昭和拾七年壱月弐拾四日

前戸主　塚田拓郎

戸主　塚田一郎

父　亡　塚田拓郎

母　多美

長男

前戸主トノ続柄　亡　塚田拓郎　長男

出生　大正元年拾月九日

A県○○郡山川村○番地戸主島内藤太郎従妹大正七年四月拾六日塚田拓郎と婚姻

昭和四年拾月拾五日夫塚田拓郎死亡に因り婚姻解消

改製により新戸籍編成につき昭和参拾参年九月弐日除籍

母　多美

父　島内平右衛門

母　タツ

二女

出生　明治弐拾六年壱月弐拾七日

出生　大正七年八月拾参日

塚田拓郎は前戸主として記載されるのみ。

多美の長男・一郎が戸主となっている。

昭和11年に本所区から転籍したことがわかる。

依頼人の祖母。

多美の実家はA県山川村の島内家であると記載されている。

多美は昭和33年にこの戸籍から離れ自らが筆頭者となる戸籍を新たに作成している。

入っている形です。塚田拓郎については、前戸主としてかろうじて名前が載っているだけで、詳細はまったく不明という状態でした。

昭和4年に塚田拓郎が亡くなっていることは前掲の墓石でわかりますが、その拓郎の家督は、長男の塚田一郎が相続して一郎を戸主とする戸籍が作成され、そこに母親である多美も入っているというのが取得できた最古の戸籍の状態です。

戸籍をさらに読み込むと、塚田家は昭和11年まで東京市本所区（現墨田区南部）に本籍を置き、その後、東京市向島区（現墨田区北部）に転籍してきたことがわかります。その転籍前の本所区時代の戸籍が焼失し再製もされていないために取得ができないという状況です。

もし、本所区時代の戸籍が取得できれば、そこには塚田拓郎が戸主として登場し、拓郎の父母名やその本籍地も記載されて色々なことがわかったはずです。

拓郎と死別した多美はこのように息子（一郎）を戸主とする戸籍内に入っていましたが、戦後、戸籍制度が大きく改正された後には多美は息子の戸籍から分籍して自らが筆頭者となる戸籍を作成します。

戦前の戸籍を取得していただくと何世代もの家族が一つの戸籍内に記載されていることに驚かれると思います。戸主の父母や祖父母、その子どもや孫までもが同一戸籍内にいますので多人数であるのが特徴です。しかし、戦後は「夫婦とその子ども」（つまり2世代）が一つの戸籍を構成する単位となりましたので、3世代は同一戸籍内に入れないことになりました。

多美は長男・一郎を戸主とする戸籍内に入っていましたが、一郎に子どもができると3世代になってしまいますのでそれは許されず、多美は子どもや孫と戸籍を分ける必要が生じた訳です。

家系図作成で問題になるのは、その結果、同族である一郎の末裔がその後どうなってしまったのかがわからなくなることです。

依頼人の塚田季明さんから見ると、拓郎・多美の長男である塚田一郎とは親族関係にあるとはいえ戸籍法上は傍系という扱いになり、前章のとおりその人やその末裔の戸籍取得はできません。

一郎の末裔の方に話を伺えれば、塚田家の歴史などがわかる可能性もあります。しかし、戸籍が取得できないので末裔の方がその後、どこに転籍されていったのか、どのようなお名前なのかという点が一切わからなくなってしまったのです。

## 実の父親は誰なのか

さて、話を多美に戻しましょう。

長男・一郎の戸籍から分籍し、自らが筆頭者となる戸籍を作成した多美の戸籍を見てみましょう（図表9）。

戸籍を見ると、多美は分籍したあと昭和48年に亡くなるまでの間は誰とも婚姻していないことが確認できます。しかし、昭和5年には依頼人である季明さんの父・五郎が出生しています。前夫・塚田拓郎ではない誰か別の男性との間の子ということになります。

しかし、五郎さんは「自分は塚田拓郎の子である」と生涯思われていたそう

## 図表9　多美を筆頭者とする戸籍

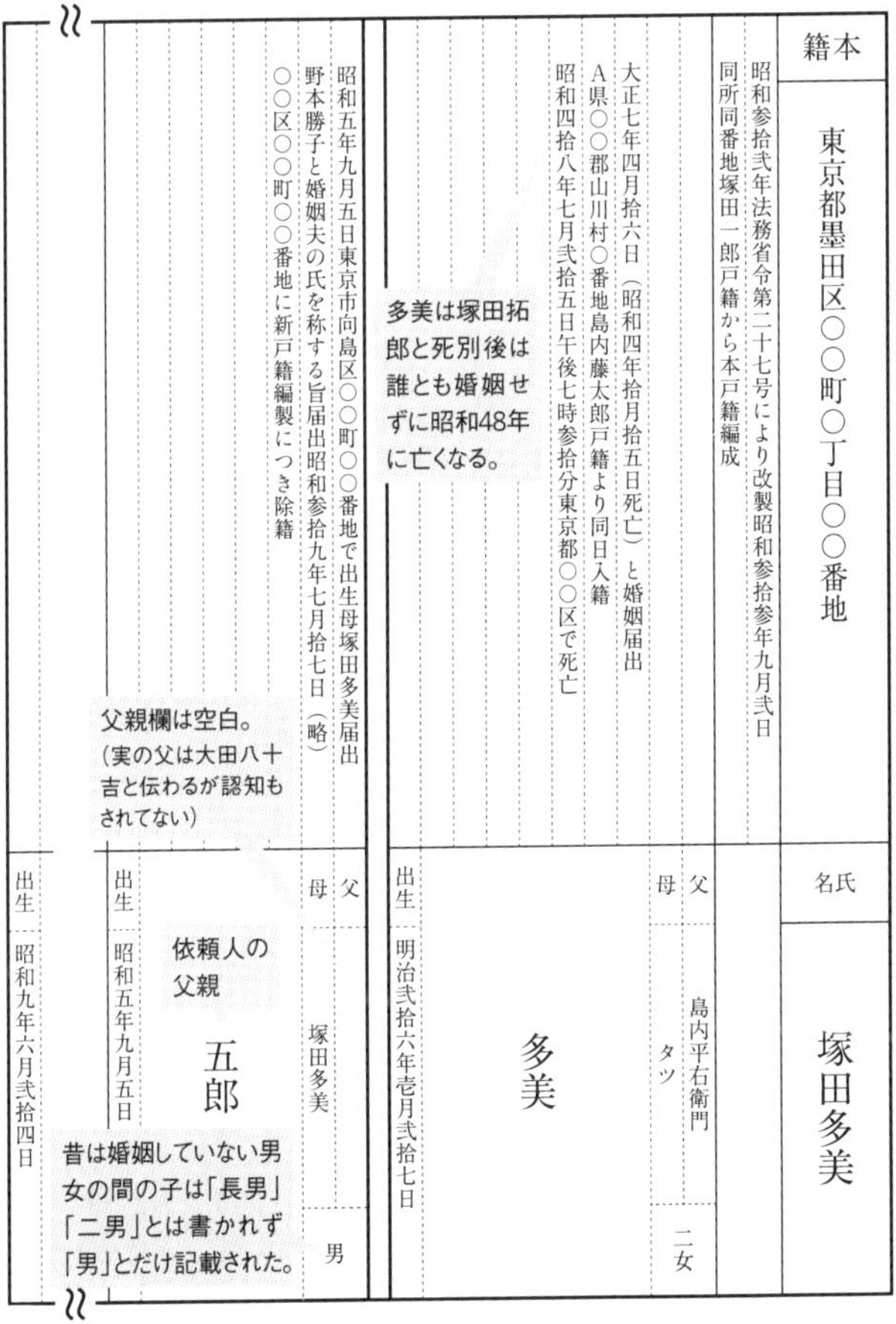

本籍　東京都墨田区○○町○丁目○○番地

氏名　塚田多美

昭和参拾弐年法務省令第二十七号により改製昭和参拾参年九月弐日

同所同番地塚田一郎戸籍から本戸籍編成

大正七年四月拾六日（昭和四年拾月拾五日死亡）と婚姻届出

A県○○郡山川村○番地島内藤太郎戸籍より同日入籍

昭和四拾八年七月弐拾五日午後七時参拾分東京都○○区で死亡

父　島内平右衛門

母　タツ

二女

多美

出生　明治弐拾六年壱月弐拾七日

多美は塚田拓郎と死別後は誰とも婚姻せずに昭和48年に亡くなる。

昭和五年九月五日東京市向島区○○町○○番地で出生母塚田多美届出

野本勝子と婚姻夫の氏を称する旨届出昭和参拾九年七月拾七日（略）

○○区○○町○○番地に新戸籍編製につき除籍

父

母　塚田多美

男

五郎

出生　昭和五年九月五日

依頼人の父親

父親欄は空白。（実の父は大田八十吉と伝わるが認知もされてない）

昔は婚姻していない男女の間の子は「長男」「二男」とは書かれず「男」とだけ記載された。

出生　昭和九年六月弐拾四日

です。

季明さんがこの件を親族に確認すると、どうやら五郎の実の父親の名前は「大田八十吉」だと伝え聞いている方がいました。お名前だけは明確に伝わっているのですが、大田八十吉がどこの誰でどんな方なのかはまったく不明です。

塚田季明さんを中心に、系譜を作成してみましょう（図表10）。


塚田家の現菩提寺にも確認しましたが、祖父母の拓郎・多美の実子（一郎）の末裔については不明。お寺には塚田拓郎の没記録だけはあるものの、その上の代の塚田家の記録はない、また、「大田八十吉」なる人物についても不明とのことでした。


いったい、祖父と考えていた塚田拓郎はどこの出身なのか？　塚田家のルーツはどのようなものか？　そして、父親・五郎の実父と伝わる「大田八十吉」とは何者なのか？

手がかりとしての戸籍もなければ菩提寺にも記録がない。それでいながら、

## 図表10 これが実際の系譜

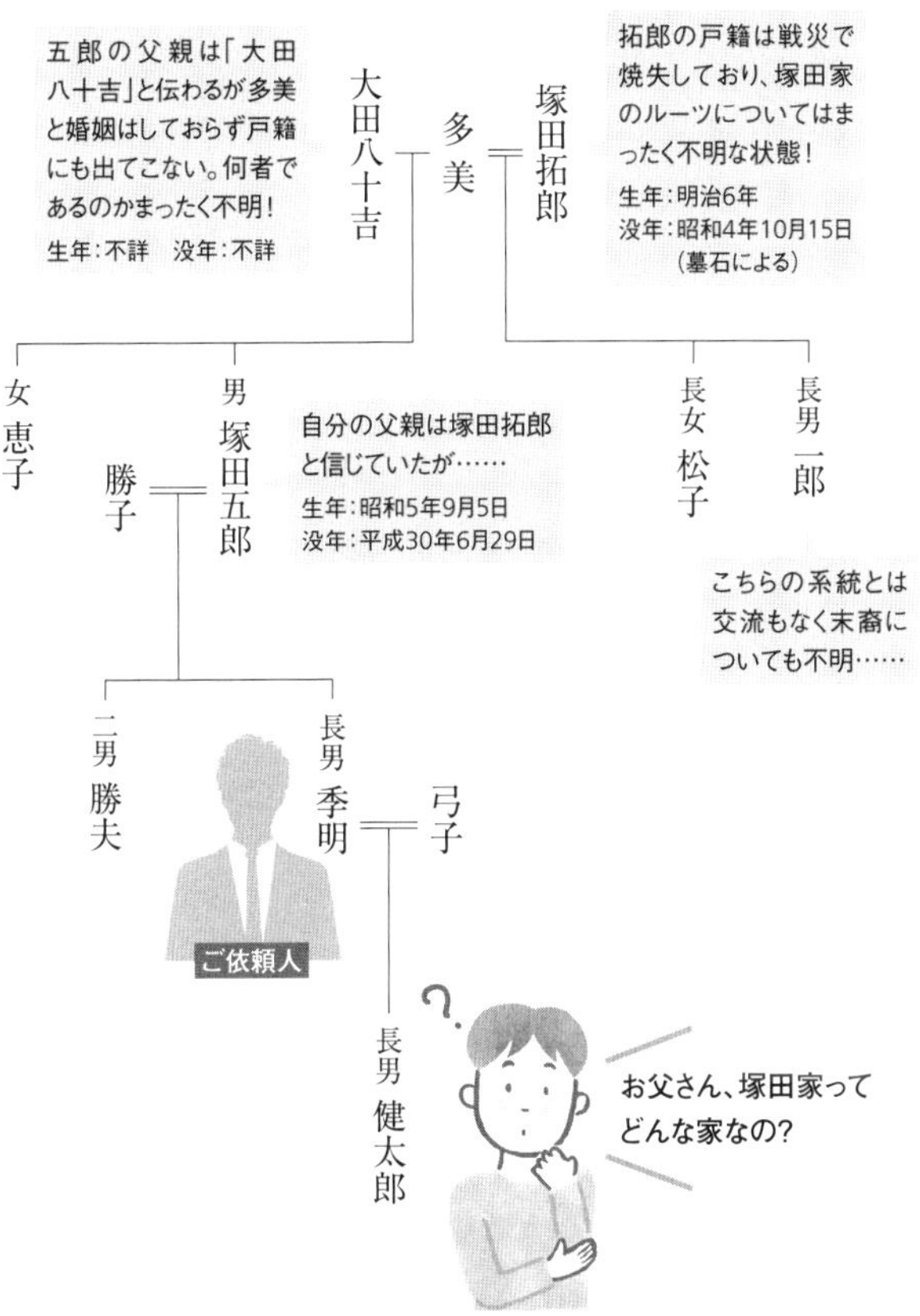

依頼人はお子さんに「塚田家ってどんな家なの？」と聞かれている状態。

手詰まりの状態になり、依頼を受けた私も思わず取得した戸籍を前に並べて「う〜ん」と腕組みをして唸ってしまいました。しかし、こんな時こそ、まずは動き出してみることです。

## 多美の実家を調査して新たな謎が発生

ご依頼人は多美の実家のルーツも知りたいとのことで、多美の実家（戸籍によれば島内家）と塚田家について調査・家系図作成を行うことになりました。

多美の実家のことを調べると何か塚田家のヒントも出てくるかもしれないと考え、私は戸籍に記載された多美の実家である島内家（図表8のとおり、島内家はA県の山川村に本籍があるとわかります）についての調査に入りました。

今回は塚田家のことが主題となるため、島内家の調査内容についての詳細は割愛しますが、島内家のほうは多美の同族の方にもコンタクトでき、その土地の古文書も調査して戸籍でわかる以上のご先祖様のお名前も判明し、家系図もできあがりました（図表11）。

多美の実家であるA県の山川村は、現在のA県某市大字山川の地区です。電話帳で確認すると、同地区には島内姓のお宅が何軒かあったので、事情を記した手紙を書き、親族にあたる方々とコンタクトをとりご協力いただきました。

さらには、旧山川村の江戸時代の古文書がA県の文書館（県内の古文書を収集している行政施設）に所蔵されており、それらを閲覧することにより島内家の江戸期のご先祖様の記録にも出会うことができました。

しかし、多美の実家である島内家の調査をしていて私が感じたのは、「なんかフワフワしているなあ……」というものでした。

もちろん、きちんとした史料を収集できて家系図も根拠をもって江戸時代まで作成できたのですが、同族にあたる方々とお話をしていても皆さん多美のことをご存じないのです。

実家を離れているとはいえ、昭和48年までご存命の方ですから、もう少し「ああ、多美さんってお名前は聞いたことありますよ」というくらいの話は出てきてもよさそうなのですが、それがありません。

なんだか「多美さんって実在したのかなあ?」と変な感覚でした。

しかし、最終的にはこの違和感の謎も解けることになります。

多美はもちろん実在したのですが、実は戸籍に記載された多美の父母名は真実ではありませんでした（戸籍に記載された父母である島内平右衛門・タツはもちろん実在し、その一族の方々にもお話を伺えましたが）。

多美は真実とは異なる出生の届出をされ、戸籍上は島内家の娘となっていましたが、本当のところはあるお寺のご住職の子であったことがわかるのです。

ただし、それを知るためにはやはり塚田家の謎を解き明かす必要がありました。

**図表11　多美の実家の島内家の系譜**

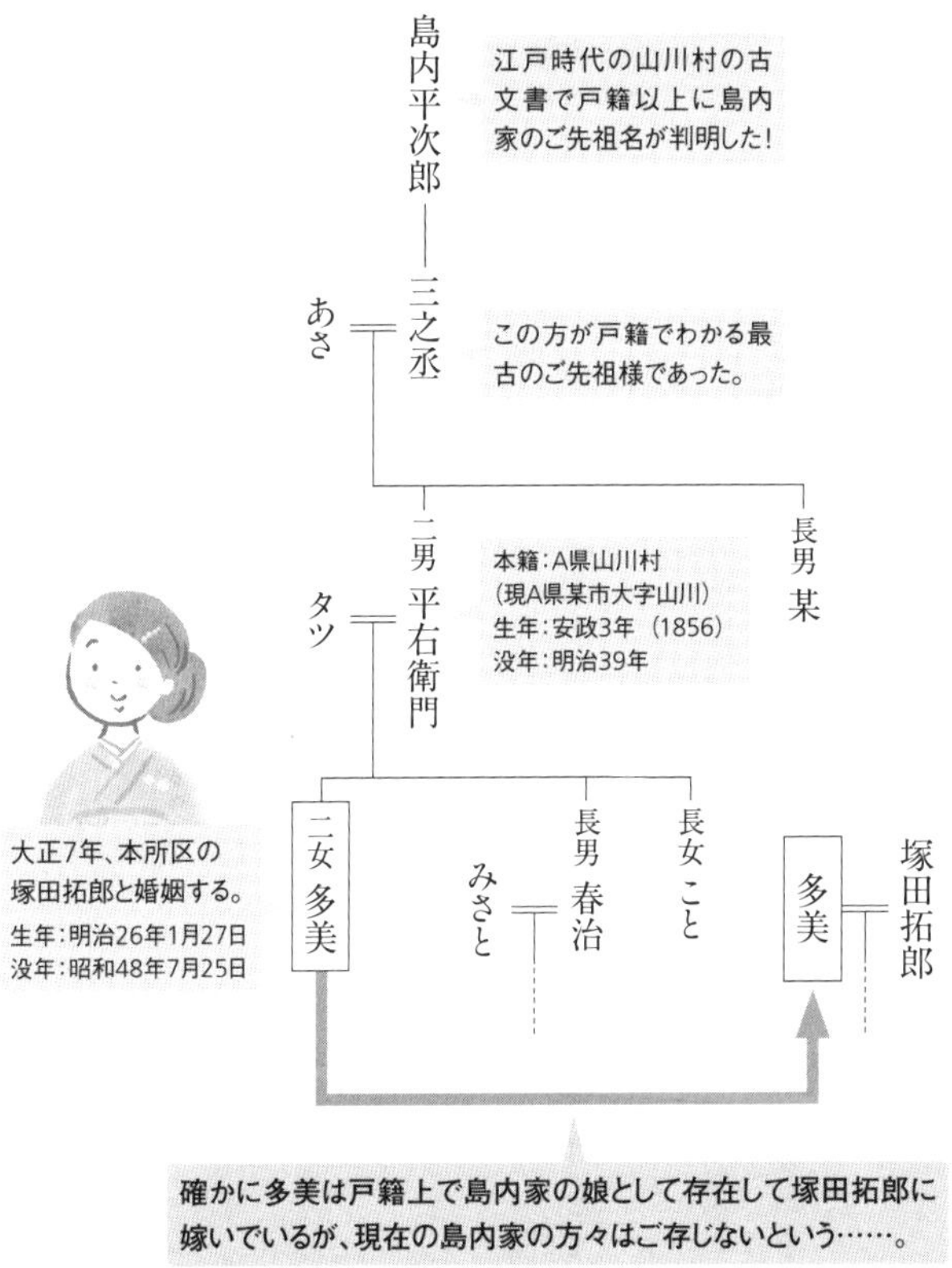

## お寺のご住職がしてくれた貴重な話

私は多美の実家・島内家の調査と並行して、塚田家の調査も進めていました。

依頼人の塚田季明さんとしては、実は塚田拓郎が本当の祖父ではないとわかったものの、自身も「塚田」を名乗っている以上、やはり塚田家も重要なルーツであり自身の子どもにも塚田家がどんな家であるか伝えたいという想いがあります。

私のほうでは塚田拓郎のことが記載された史料をいくつか見つけることができ、どのような仕事をしていたのかも何となくわかってきました。しかし、それ以上のこと（その上の代のお名前や塚田家が元々はどこに居住していたか等）は全然わからずに困り果てていました。

そうした中、依頼人のご親族の中から「そういえば、多美はB県の延命寺（仮名）というお寺と関係があるらしい。そちらのお寺の住職は安本さんという方が代々務めているようだ」というお話が出てきました。

実は先祖調査を始めると、ご親族の方もだんだんと「そういえば昔、こんな話を聞いたことがある」と思い出されることがあります。ですから、先祖調査・家系図作成にあたってはご親族に丁寧に聞き取りをすることが重要になります。

「B県の延命寺」という話が出てきたものの、塚田家では現在、そのお寺とも、安本さんというご住職ともお付き合いがある訳ではありません。いったいどんな関係があるというのでしょうか？　そもそも現在の塚田家はB県とはまったくつながりがありません。

こうした場合はとにかく先方にお尋ねしてみるしかありません。調べてみると、確かにB県には延命寺があり、安本姓の方がご住職を務められているようですので、私は同寺宛てに事情を記した手紙を書いてみました。

とはいえ、どんな関係かもよくわからない状況であり、先方もこのような手紙を受け取っても困惑するであろうと思いつつ、系図も含めてできるだけの資料を添えて「いったいどのような関係にあるのか不明な状態でのお尋ねとなり誠に恐縮ですが……」との文言を認《したた》めました。

そして、手紙を出したあとに恐る恐る延命寺に電話をかけてみました。

安本ご住職は手紙をよく読んでくださり、開口一番「ああ、多美さんの話ですよね」と切り出してくださったのです。

私としては「いったい何の話でしょうか?」といわれてしまう覚悟でいたので、そのお返事にはびっくりすると共にすべてが解明されていく予感がしました。

安本住職は次のような話をしてくださいました。

・私も母親から聞いた話ではありますが、私の祖父・安本賢尚には3人の妻がいたそうです。籍を入れていたのかどうかは不明ですが。
・その2番目の妻との間にできた子が多美さんという方だそうです。
・多美さんは戦前には何度かうちにもお参りに来ていたそうです。
・祖父の2番目の妻のお名前もわからないですし、多美さんが戸籍上では島内家の娘になっているということも知りませんでした。

・「大田八十吉」という方についてはまったくお聞きしたことはありません。
・3番目の妻が私の祖母（良枝）にあたります。その祖母の実家はC県の「塚田」という家です。

多美のことがわかってきただけでも驚きましたが、唐突に「塚田」という名字が出てきて私は思わず「えっ、塚田姓ですか？」と聞き返してしまいました。電話口の私は驚きながらも頭の中で一生懸命に話を整理しました。

まず、多美の実の父親は延命寺の現ご住職（安本姓）の祖父であり、その2番目の妻との間の子であるといいます。ということは、多美は、本来は安本家の娘ということになります。

おそらく、何らかの事情があり安本家の娘として出生届を出せず、ご住職の祖父と親交のあったA県の島内家の娘として出生届を出したのでしょう。

現代では事実と異なる出生届を出すことは難しいですが、明治時代だとそのようなこともままあったようで「本当は違うんだけど、戸籍上はこの夫婦の子として届出をしたそうです」というような話を時折聞きます。
ご住職の話を踏まえた関係を図にすると図表12のようになります。

そうか、形ばかり島内家の子として届出をしたものの、実際には島内家では生活していなかったので多美は島内家側ではまったくといっていいほど覚えている人がいないのか……。私は島内家の調査で感じたフワフワした感覚がこのためであったのだとようやく納得できました。

それはそうとして、ご住職の祖母にあたるのが3番目の妻（良枝）であり、その実家が塚田家であるといいます。私はなぜかこの時点で依頼人の塚田季明さんが祖父と信じてきた塚田拓郎はおそらくこの塚田家の人なのであろうと直観していました。

ただし、ご住職のほうでも祖母の実家であるC県の塚田家とは今は交流もなく、確認が取れないとのこと。C県の塚田家のことを調べなければ……、そう思った私は思わずご住職に「ご住職の安本家の戸籍をさかのぼって取得させて

### 図表12　延命寺と多美の関係

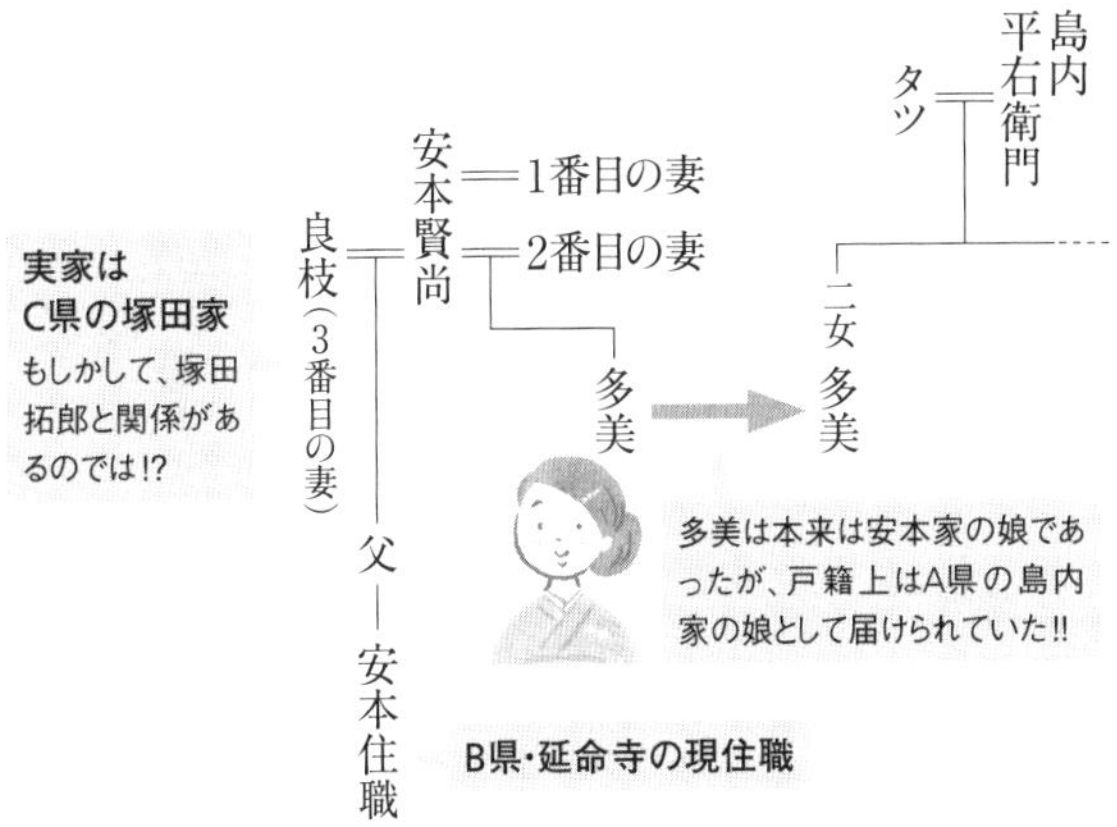


いただけませんか？　ご祖父の2番目の妻のこと、そして3番目の妻であるご祖母の塚田家のことをよく知りたいのです」と、お願いしていました。

戸籍は、プライバシーの塊といえます。

それを電話で初めて話をしただけの私がお願いするのは大変失礼かと思いましたが、絶対に「塚田拓郎」と出会えると確信していた私の口は勝手に動いていました。

安本住職は「いいですよ」とご快諾くださり、戸籍取得のための私宛ての委任状に署名・押印をしていただくことになりました。

## ご住職のお宅の戸籍をさかのぼって取得

委任状をいただいた私は早速、ご住職の安本家の戸籍をできるだけ古いところまで取得していきました。

最古の戸籍は、ご住職のご祖父（安本賢尚）を戸主とするものでした。

3人の妻がいらっしゃったとのことですが、戸籍で確認できたのは3番目の妻とされるご住職の祖母である「良枝」だけでした。残念ながら1番目、2番目の妻は戸籍には載っていませんでした（籍を入れていたか否かも不明）。

3番目の妻である良枝の身分事項欄を見ると、「C県○○郡立浪村《たつなみむら》10番地戸主・塚田玄一妹」とあり、父親名は「塚田源一郎」と書かれています。さらに電話帳で確認すると、現在もその番地（C県○○市大字立浪10番地）に確かに塚田姓の家があることがわかりました。

私の推測が正しければ、ご住職の祖父は2番目の妻との間にできた娘・多美

**図表13　塚田拓郎との関係の想像図**

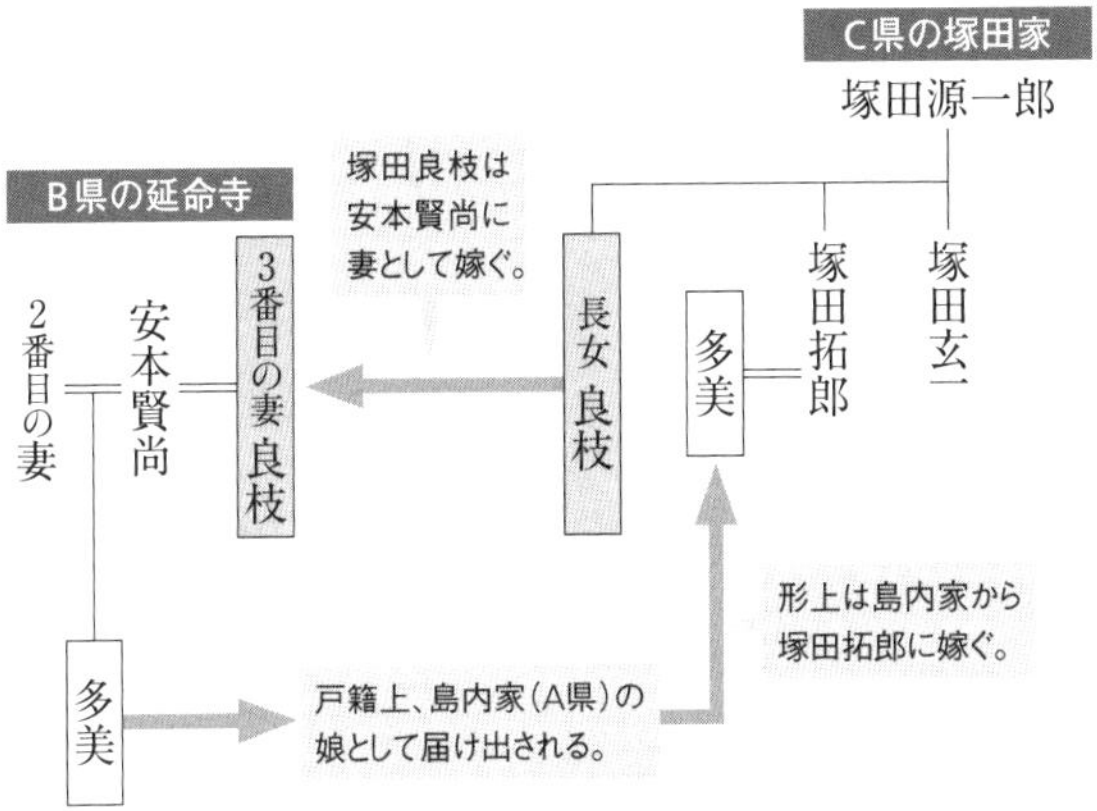


を知り合いの島内家の子として届け出て島内多美として育てた（しかし、島内家では暮らしてはいない）。その後、3番目の妻を迎えたが、その3番目の妻・良枝はC県の塚田家の娘である。やがて、島内多美が成長して婚姻相手を探す中で、3番目の妻となった「良枝の兄」である塚田拓郎と婚姻をさせた。

つまり、先妻との間にできた娘を、現在の妻の兄と婚姻をさせたということになります。図表13のような関係になると考えたのです。

これは私の勝手な直観・推測では

ありましたが、どうもそんな気がしたのです。

ここでまた、私は「さてどうしよう」と考えました。

委任状を書いてくださった安本住職から見れば良枝は祖母ですから、その良枝の実父母については直系ということになります。ですので、さらに良枝の実家（C県の塚田家）の戸籍をC県の役所に請求すれば塚田家時代の良枝が載っている戸籍も取得でき、その中に「塚田拓郎」が兄として記載されている可能性もあるのです。

ただし、ここまで来たら直接C県の塚田家にお願いをしてご先祖の中に「拓郎」という方がいるかどうかをお聞きし、場合によっては、こちらでもまた委任状をいただいて塚田家の戸籍をさかのぼって取得したほうがより明確にわかるのではないか、私はそのように考えました。

依頼人の塚田季明さんも同様のご意向だったので、電話帳に掲載されている塚田家に手紙を書いてみることにしました。

## C県の塚田家からも戸籍取得の委任状をいただく

繰り返しになりますが、戸籍というのはプライバシーの塊ですから見知らぬ人が取得させてくださいとお願いしても断られる可能性のほうがきわめて高いです。

それも承知のうえでC県○○市大字立浪（旧立浪村）の塚田家に手紙を出し、電話をしてみました。

凶悪犯罪も多い昨今、きっと普通には対応していただけないだろうと覚悟をしていましたが、C県の塚田家は非常に丁寧にご対応してくださいました。

しかし、「先祖やその兄弟に『拓郎』という人がいたかどうかはわからないです。聞いたことがないですね」との回答でした。

私はC県の塚田家に、ご依頼人の塚田季明さんが置かれた状況、お子さんからも塚田家のルーツを聞かれて困っており何とかして差し上げたい旨を説明しました。

「血はつながっていないようですが、それでも依頼人の塚田さんにとっては拓郎さんの塚田家が祖先という想いがあります。貴家の戸籍をさかのぼったら拓郎さんのお名前が出てくる気がいたします。誠に恐縮なのですが貴家の戸籍を取らせていただけないでしょうか？　委任状に署名をしていただけないでしょうか？」

と、お願いをしてみました。

そうしましたところ、「そんなご事情であればいいですよ」とご快諾をいただくことができました。もう本当に感謝しかありません。

そして、委任状を使ってC県の当該役所に郵便で戸籍請求をしたのです。

同家は江戸時代から同じ土地に住まわれているとのことで、現在のものから明治時代のものまでが一つの封筒に入れられて私のもとに届きました。

ドキドキしながら戸籍を一通ずつ見ていきます。

冷静に考えると、前の妻との間の娘を現在の妻の兄に嫁がせるなどということは無いような気もするなあ……。私は急に弱気になってきました。

そうして、最後のいちばん古い戸籍を見てみました。

明治19年式という現代において取得できうる最も古い戸籍です。

戸主はやはり、良枝の兄である塚田玄一になっています。……そして、その塚田玄一の妹として嫁ぐ前の「良枝」が記載されており、その右横に「拓郎」の名前を発見したのです！　拓郎が良枝の兄として戸籍内に記載されていたのです（図表14）。

拓郎の生年月日は明治6年（1873）6月23日と記載されています。

依頼人の塚田家の墓石には拓郎は昭和4年（1929）10月15日没で57歳とありますから、数え年で計算すると明治6年生まれで合致します。

また、拓郎は同家の四男であり、身分事項欄には明治38年3月31日に東京市本所区に分家した旨が記載されています。本所区時代の戸籍は焼失していながらも、塚田拓郎は本所区に本籍を置いていたことは確かですから、ここに出てきた塚田拓郎が依頼人の塚田季明さんの祖父と目されていた塚田拓郎であることは間違いありません。

こうしてついに塚田拓郎の実家はC県の塚田家であったことが明らかになりました。

拓郎の父親名は塚田源一郎というお名前であることが戸籍からわかりますし、さらに祖父が塚田源治というお名前で、さらにその父親も「源治」というお名前であることがわかります。

江戸期は旧家では代々同じ当主名を襲名することも多くあり、こちらの塚田家では「源治」を当主名としていたことがわかります。当然この上の代も「源治」が何代も続いていると考えられました。

C県の塚田家の話によると、同家は江戸時代には庄屋（村民の中の最上層の地位）を務めたと伝わっているそうです。地域の郷土誌に塚田家の居住する立浪村に関する江戸期の古文書が多数掲載されており、調べてみると、寛政7年（1795）のある文書中に確かに「立浪村　庄屋　源治」との記載が見られました。こちらは、年代的に拓郎の5代前のご先祖様であると考えられます。

さらには、B県の延命寺の記録から、多美の実母である2番目の妻の名前は

## 図表14　C県・塚田家の戸籍

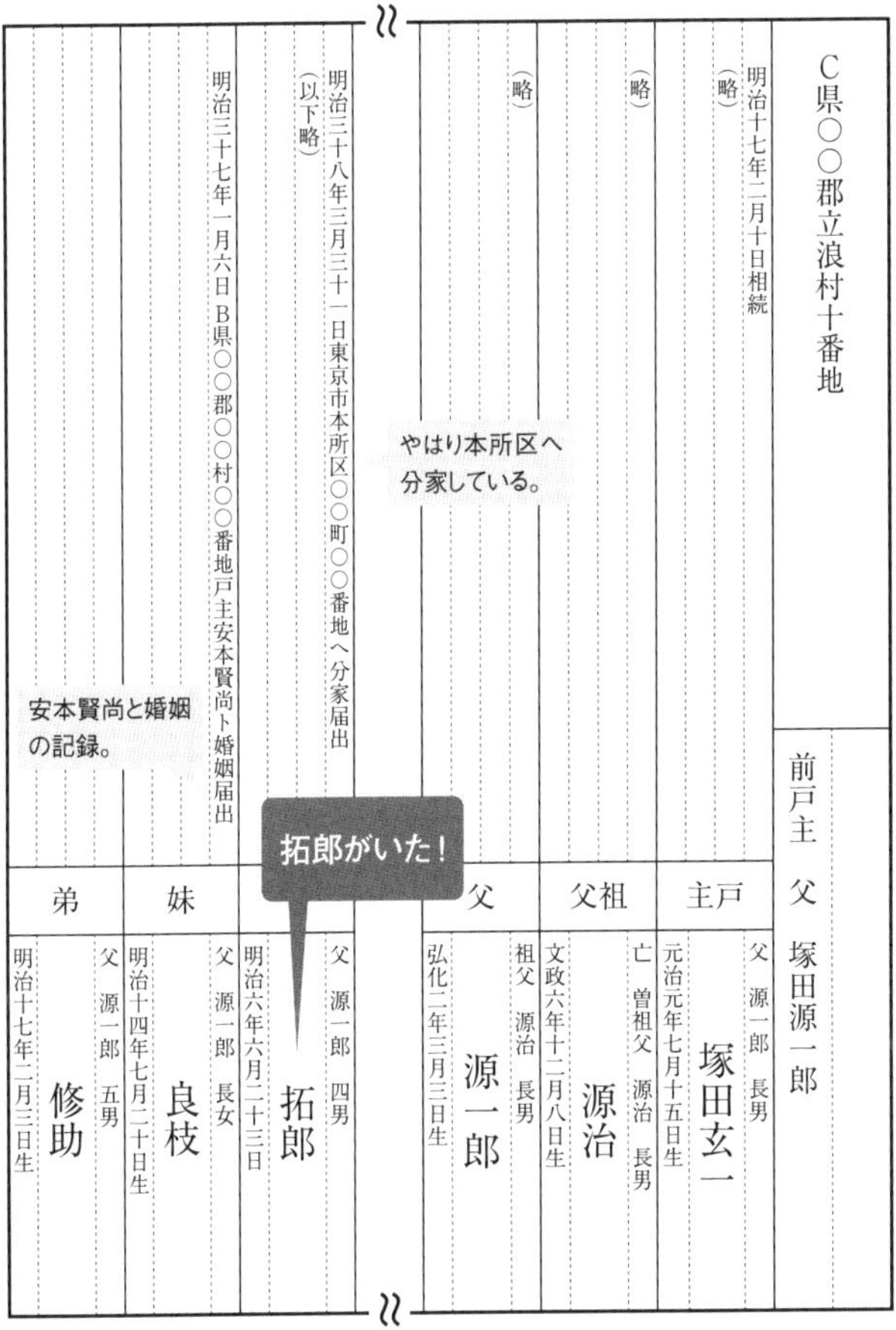
C県○○郡立浪村十番地

前戸主　父　塚田源一郎

明治十七年二月十日相続
（略）

戸主
父　源一郎　長男
塚田玄一
元治元年七月十五日生

（略）

祖父
亡　曽祖父　源治　長男
源治
文政六年十二月八日生

（略）

父
祖父　源治　長男
源一郎
弘化二年三月三日生

明治三十八年三月三十一日東京市本所区○○町○○番地へ分家届出
（以下略）

父　源一郎　四男
拓郎
明治六年六月二十三日

明治三十七年一月六日B県○○郡○○村○○番地戸主安本賢尚ト婚姻届出

妹
父　源一郎　長女
良枝
明治十四年七月二十日生

弟
父　源一郎　五男
修助
明治十七年二月三日生

やはり本所区へ分家している。
拓郎がいた！
安本賢尚と婚姻の記録。

「いし」であることもわかってきました。

つまり、塚田家の最終的な系図は図表15のようになります。


**「大田八十吉」はどうなった？**


こうして、とうとう戸籍の焼失という困難を乗り越えて塚田家のルーツが判明しました。無事に塚田拓郎のルーツが明らかになったのです。

依頼人の季明さんは、たとえ血がつながっていないとしても拓郎およびその上のご先祖様方は塚田家のご先祖であるという想いが強く、最終的な家系図にも拓郎やその上の代を記載することにしました。

ところで、依頼人から見た本当の祖父（五郎の本当の父親）と伝わる「大田八十吉」とはいったい誰であろうかという疑問が残っていました。

大田八十吉とは戸籍上のつながりがないため、戸籍で知ることも叶いません。私なりに色々と調べたのですが、当初はまったくわからずにおりました。

ところが、ついに大田八十吉についても判明する時が来ました。

## 図表15 最終的な塚田家の系図

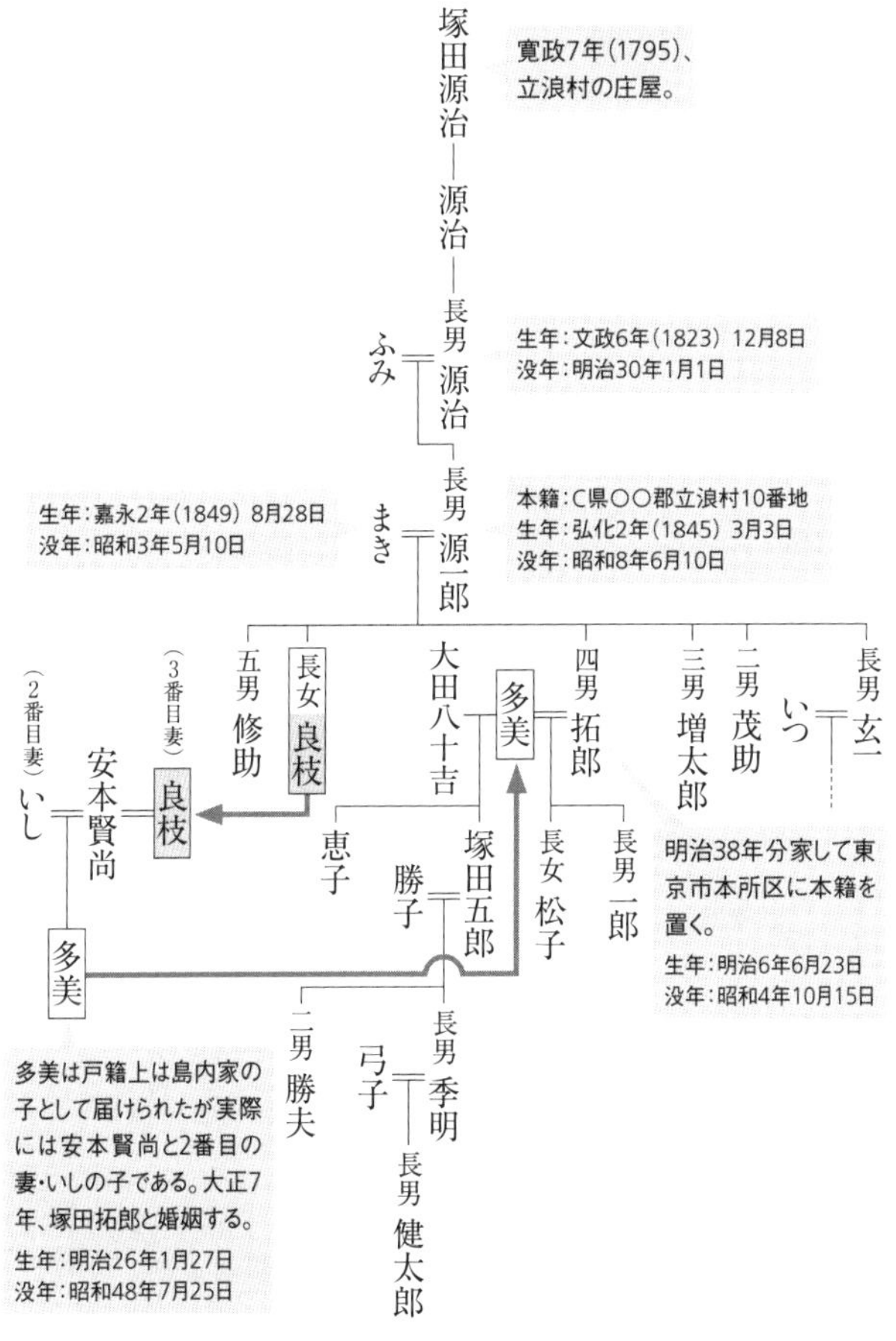

それは、前章でお話しした国会図書館デジタルコレクションのおかげです。塚田家の調査も大詰めに来ていた2023年のある日、ふと「そうだ、国会図書館デジタルコレクションで大田八十吉さんについて検索してみよう」と思い立ったのです。ご依頼を受けた2019年時点では、まだデジタルコレクションはそれほど充実はしていませんでしたが、奇しくも塚田家の調査があまりに難航して年数を経過しているうちに大きな進展を見せたのです。

ここで「大田八十吉」と書いているのは仮名ですが、実名もそれほど多くはない名前ですのでそのまま単純に氏名を打ち込んでみました。

そうしたところ、昭和初期に刊行されたある文献にヒットしました。本所区・向島区に近い地域の町会議員としてお名前が出てきたのです。議員であると同時に、ある事業を営んでいることもわかりました。

この人こそが塚田季明さんの実の祖父ということになります。

私のほうで「大田八十吉」の末裔の方がいらっしゃるのかどうか調べてみましたが、残念ながら不明でした。しかし、当初、解明はほぼ不可能ではないかと思えていた塚田家のルーツや実の祖父・大田八十吉のことまでたどることができました。これは関係された皆様の多大なご協力とテクノロジーの進歩のおかげとしか言いようがない事例でした。

## 実例③　ご先祖様が箱根権現の代官職であったと伝わる大場脩一さんの場合

### ご先祖様は箱根権現（神社）の代官職？

実例の最後は、「神社の武士であった」と伝わる大場脩一さんの案件です。

通常、江戸時代の武士というと、日本各地に存在した藩に召し抱えられている藩士か、あるいは徳川幕府の直臣である旗本《はたもと》・御家人《ごけにん》を指します。

ところが、大きな神社や寺院もまた家臣たちを召し抱えていました。それらの家臣もまた武士身分だったのです。

神社・寺院は、各地の大名や旗本と同様に自らの領地を持っていました。江戸期の村・町は「〇〇藩領」「旗本〇〇氏領」などと表現されるのが一般的ですが、時として「〇〇寺領」と呼ばれる土地も存在したのです。

増上寺《ぞうじょうじ》（東京都港区）のような大きな寺院は領地が1万石を超えているので、その勢力はまさに大名並であり、領地の管理にも大変な労力がかかりました。

各藩と同様に、大きな寺院はやはり家臣を召し抱える必要がありました。「寺侍《てらざむらい》」といった呼称を歴史・時代ドラマで耳にすることもあります。

京都のほうではそうした寺侍が非常に多く、明治時代初期に作成された「士族明細短冊」「卒明細短冊」（京都府立京都学・歴彩館所蔵）という京都の旧武士たちの履歴書を見てみると、「祖父は東本願寺の大組の職を務めた」というような記載が多くあります。東本願寺に仕える存在だったということです。

神社でも同様です。

今回の大場脩一さんの先祖調査に登場する、江戸時代の伊豆国君沢郡沢地村《いずのくにきみさわぐんさわじむら》（現静岡県三島市沢地）は「箱根権現領」と呼ばれました。つまり、箱根神社（江戸時代は箱根権現社と呼称）の領地であった訳です。

そうした神社の領地においては、そこを管理する家臣が必要となってきます。大場脩一さんの祖先は「箱根権現の代官職であった」と伝承されています。つまり、箱根権現社の家臣の中でも上級武士ということになります。ただし、そのことを明確に示す史料が家に伝わっていないそうです。

そこで、大場家の祖先を戸籍以上にさかのぼって家系図を作成すると共に、「できれば、ご先祖様が箱根権現の代官職であったことを示す史料を見つけていただけると有難い」、それが大場さんのご希望でした。

なお、藩士や幕府直臣である武士の記録というのは割と残っていますが、神社・寺院の家臣（神社侍・寺侍）の記録というのは、ほとんど残されていません。そのため、大場家の「箱根権現の代官職」を示す史料が出てくるかについては、正直、確率は低いという前提で調査を始めました。

## 大場氏は「代官下の役人」という文献が出てきた

どの家の先祖調査であっても、まずはご依頼人からさかのぼれるだけ戸籍を古いところまで取得していくことが基本となります。

大場家のものは、無事に明治19年式のものまで取得できましたが、その戸籍はご依頼人・大場脩一さんの祖父・福次郎さんの兄・大場荘平さんを戸主とするものでした。本籍地は神奈川県足柄下郡元箱根村（現箱根町元箱根）となっています。その荘平・福次郎兄弟の父親名もまた「荘平」であったことがわかります。

荘平・カヨ夫婦の長男は元は「勘次郎」というお名前でしたが、明治20年に父・荘平が亡くなって家督を相続すると改名をして「荘平」を襲名したことが戸籍から読み取れました。

戸籍ではここまでしかわかりませんでした（図表16）。

伝承によれば、この先に「大場庄左衛門」という名前のご先祖がおり、その方は箱根権現の代官であったとのこと。私は、その名前を頼りにさまざまな文献にあたっていきました。

そうした中で、『龍澤禅寺開山上堂晋説』という非売品の書物を古書店で入

図表16 大場家の系図（戸籍でわかる範囲）

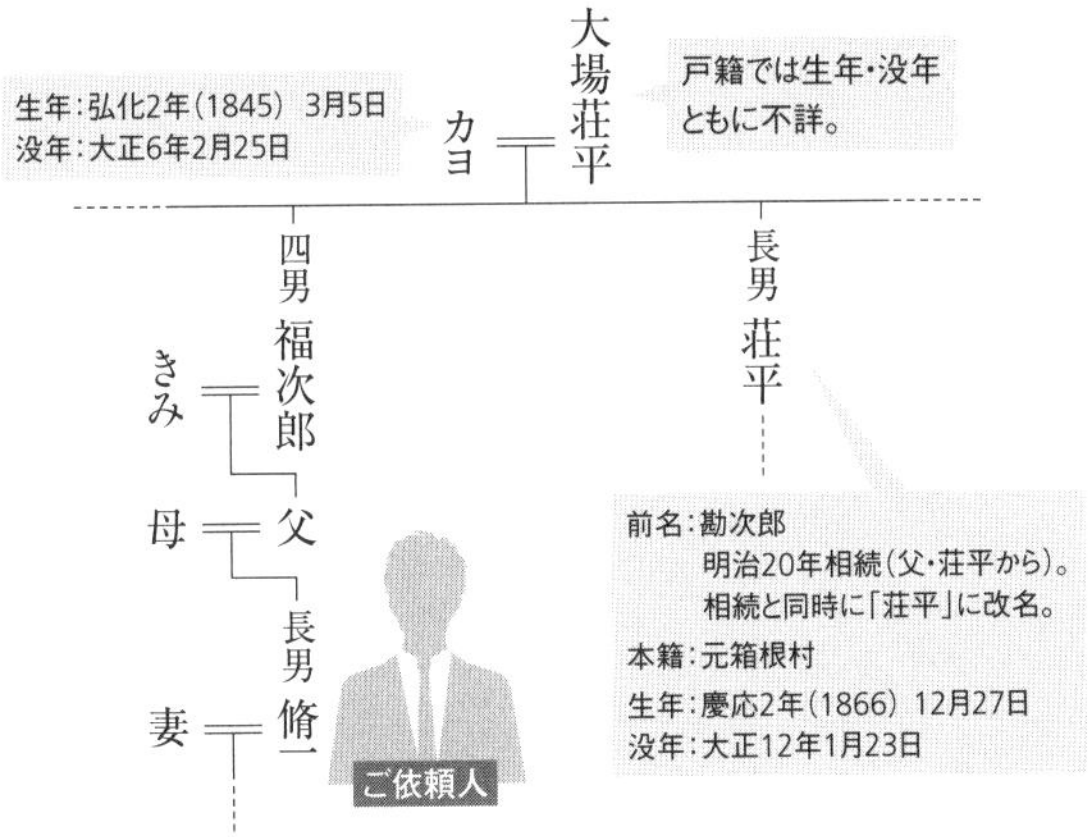


手しました。箱根権現領として挙げた沢地村には龍沢寺《りゅうたくじ》という臨済宗のお寺が所在していますが、この書物は同寺が昭和46年に刊行した冊子です。中に、「大場治重」という項が設けられ、この人物が「庄左衛門」という名前を通称的に名乗っていたことが次のように書かれています。

大場氏は代々庄左衛門を襲名しており、字が不明で、過去帳を調べたが治重氏と判断するものが無い。大場氏御師《おし》と称し代官下の役人である。

この大場氏が現在の元箱根の大場家である旨も記述されていました。ここでは「代官下の役人である」とあり、そのまま受け取ると、代官ではなく、その下についた下級役人ということになります。

それでは、代官という伝承は正しくなかったのでしょうか？　しかし、まだ調べるべき史料がありました。

### 村の検地帳にご先祖様のお名前発見！

箱根権現の代官職であった川井家の古文書群が、箱根町立郷土資料館に預託されています。私は、許可を得てそれを閲覧させていただきました。

まず、大場家関係の記録として目を引いたのが、貞享3年（1686）に作成された「沢地村御年貢帳」です。これは、箱根権現領である沢地村の年貢徴収のための土地台帳です。

傷みが激しいですが、その表紙が図表17です。

## 図表17　貞享3年沢地村御年貢帳（川井家文書）

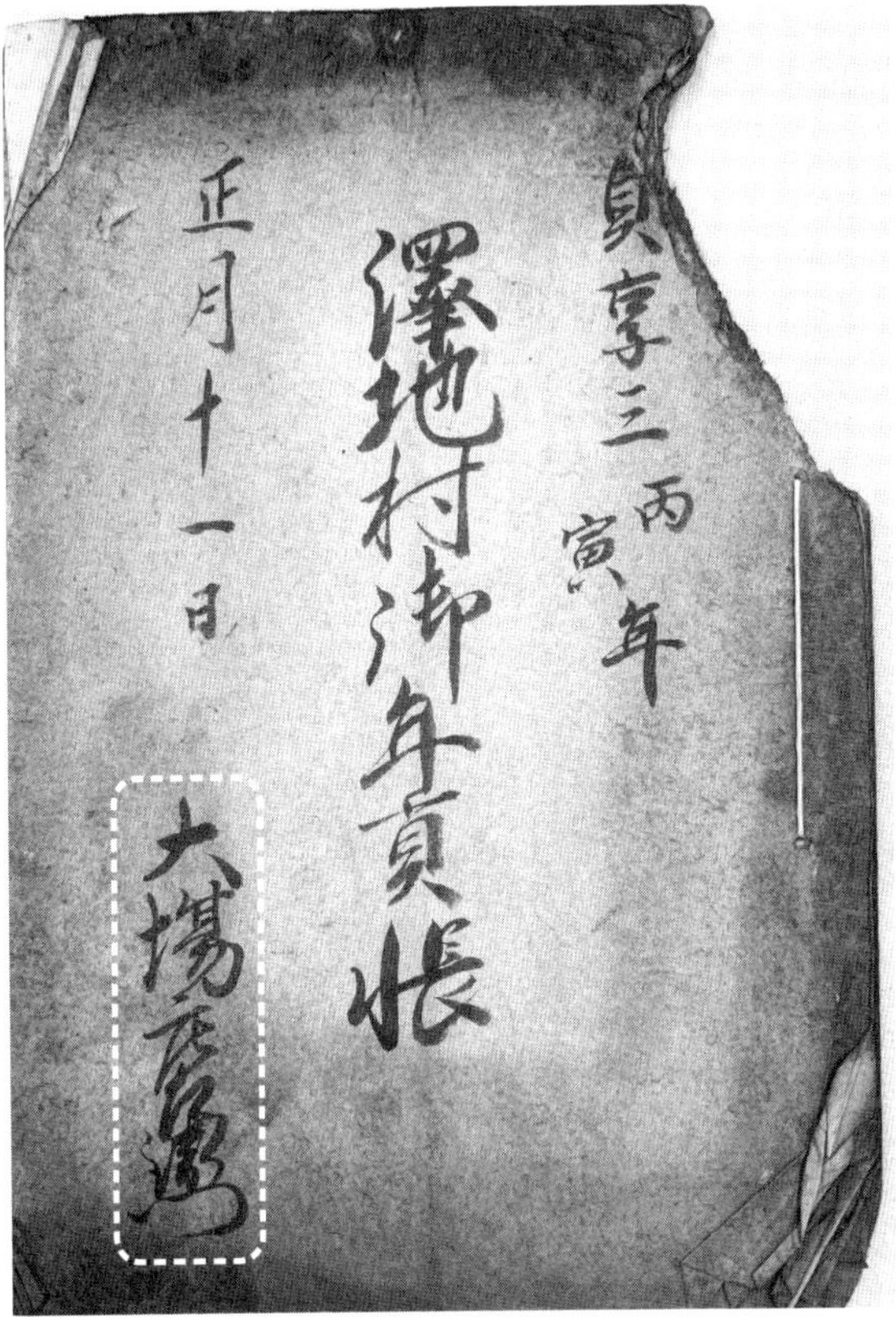

ご覧のとおり、年貢帳の表紙には「大場庄左衛門」との署名があります。つまり、この年貢帳の作成責任者でもある大場庄左衛門は、箱根権現領の代官的存在であろうという推測はできます。しかし、この文書内で「大場庄左衛門」の署名があるのはこの一か所だけ、「代官」等の文言は肩書として記されていません。

ご依頼人の大場脩一さんとしても、なんとか箱根権現の代官職にあったとの記録を得たいとの想いですから、さらに調査を進めていきました。

## 氏子調に新たなご先祖名「平太夫」が登場

川井家の古文書群の中に、「氏子調　元箱根村」と記された明治時代初期の文書がありました。元箱根村の家々について一軒一軒、家族名入りで書き出されており、その中に、大場家の記録もありました（図表18）。

戸籍でわかる最古のご先祖名は、ご依頼人の曽祖父である大場荘平（生年・没年不明）でしたが、この氏子調にはその大場荘平が戸主として記載されてお

## 図表18 氏子調(川井家文書)

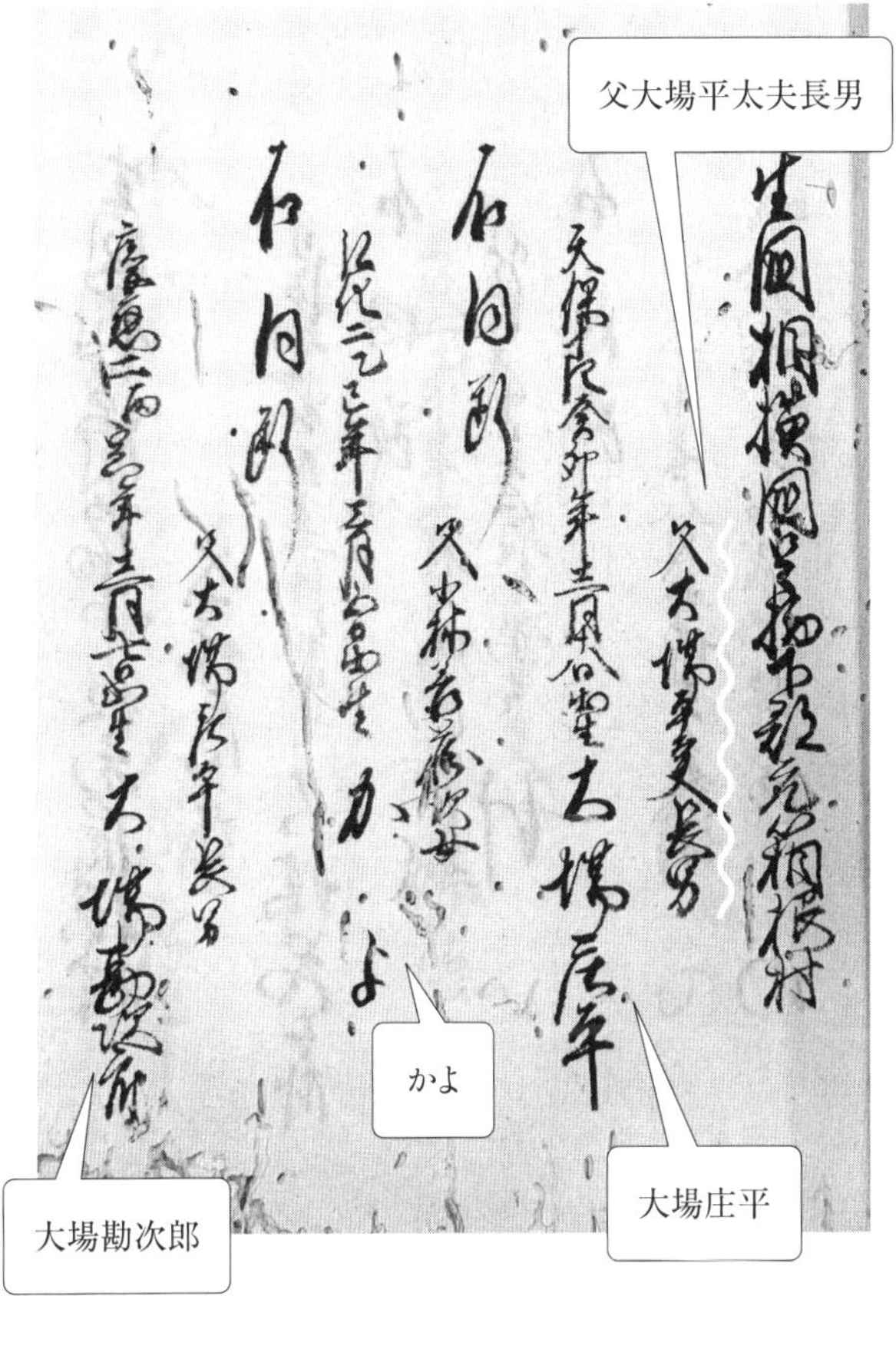

り、「大場庄平」と書かれています。

戸籍では「荘平」の文字が使用されていますが、氏子調では「庄平」の文字で書かれています。この当時は宛て字が非常に多く使われ、同一人物でも文書によって異なる文字が使用されて書かれています。

また、氏子調には大場庄平の妻として、弘化2年（1845）3月5日出生の「かよ」が書かれています。戸籍では荘平の妻は「カヨ」と片仮名で記載されていますが、生年が同一ですので、氏子調に記載されたこの「大場庄平」家がご依頼人の祖先であることは間違いありません。

なお、氏子調では大場庄平の長男として「大場勘次郎」との記載があります。最古の戸籍で戸主となられているのは大場脩一さんの祖父である福次郎の兄・荘平でした。

この方は、戸籍でも前名が「勘次郎」であったところ、明治20年に父・荘平から家督を相続し、かつその際に勘次郎から改名して「荘平」の名を襲名したことがわかっています。

ですので、戸籍の内容とこの氏子調の内容は見事に合致するものとなります。

さて、図表18「氏子調」で注目すべきは、大場庄平の右に「父大場平太夫長男」との記載があることです。これは、「父である大場平太夫の長男である」という意味なので、これにより庄平（荘平）の父親名が「大場平太夫」であることが判明しました。

氏子調の大場庄平は、天保14年（1843）12月18日出生と記載がされていますので、その父親である大場平太夫は西暦1820年頃の出生と考えられます。

この「平太夫」というお名前が出てきたおかげで、ついに大場家が代官職にあったことが判明していくことになります。

## ついに箱根権現の目代としての記録に行きつく

ここでまた登場するのが国会図書館デジタルコレクションです。

「大場平太夫」という新たなご先祖様の名前が登場しましたので、この名前で検索をかけてみました。

すると7件の検索結果が表示され、いちばん上に『逗子市誌 第6集 3（史料編 2 桜山の部 3）』（逗子教育研究会調査部編 1974年刊行）という逗子市刊行の郷土誌が登場しました。そこには、「相州箱根山金剛院目代大場平太夫聟貰い申候」という文字がハイライトされていました。

その文字を見た瞬間に、私は「うわ～、きた～！」と、思わず声を出してしまいました。

はやる気持ちを抑えながらそのページを開いた画面が図表19です。

これは、天保15年（1844）の桜山村に関連する古文書を翻刻したものであり、桜山村の37歳の男性である文造が大場平太夫の聟《むこ》になるという内容のものです。

さらに、大場平太夫については「相州箱根山金剛院目代」と肩書が記されています。これは、「相模国《さがみのくに》の箱根山金剛院という寺の目代《もくだい》」を指します。金剛

図表19「逗子市誌 第6集 3」
(国会図書館デジタルコレクションより)

右之者当村善右衛門本箱根川井右近両仲立ヲ以相州箱
根山金剛院目代大場平太夫聟ニ貰い申候ニ付差遣し申
度奉願上候尤大場平太夫義御法度之切支丹類族ニ而モ
無御座候被仰付被下置候ハヽ先村役人方慥成落着証
文取置重而御入用之節モ可奉御覧ニ入候右願之通被仰
付被下置候ハヽ難有仕合ニ奉存候以上

天保十五辰年二月

桜山村
百姓代 与惣右衛門
組頭 藤左衛門
名主 孫右衛門

御代官
御役所

院は江戸時代まで箱根権現の別当寺《べっとうじ》として存在した金剛王院のことです。

現代の感覚ではわかりづらいのですが、江戸時代までは神仏習合《しんぶつしゅうごう》であり、神道と仏教が融合した信仰体系になっていました。神社に付属する形でお寺が存在した、わかりやすくいえば、箱根権現社も金剛王院も同一のものであり、いずれもが箱根権現を祀っていたことになります。

そして、大場平太夫はその箱根権現社と同一で、かつ箱根権現を祀る金剛王院の目代であるとされているのです。

目代という言葉を『国史大辞典13』（吉川弘文館）で調べてみると、「一般には代官というほどの意味で（後略）」と記述されています。

つまり、大場脩一さんの高祖父にあたる大場平太夫は、箱根権現を祀り、箱根権現社と一体になっていた金剛王院の代官職にあったということになるのです。

これまで伝承のみであった大場家の江戸時代のルーツは「箱根権現の代官職にあった」という点が、ついに史料を伴って証明されることになりました。

調査を経て、最終的に判明した大場家の系図は図表20のようになります。

## 図表20 大場家の系図（最終）

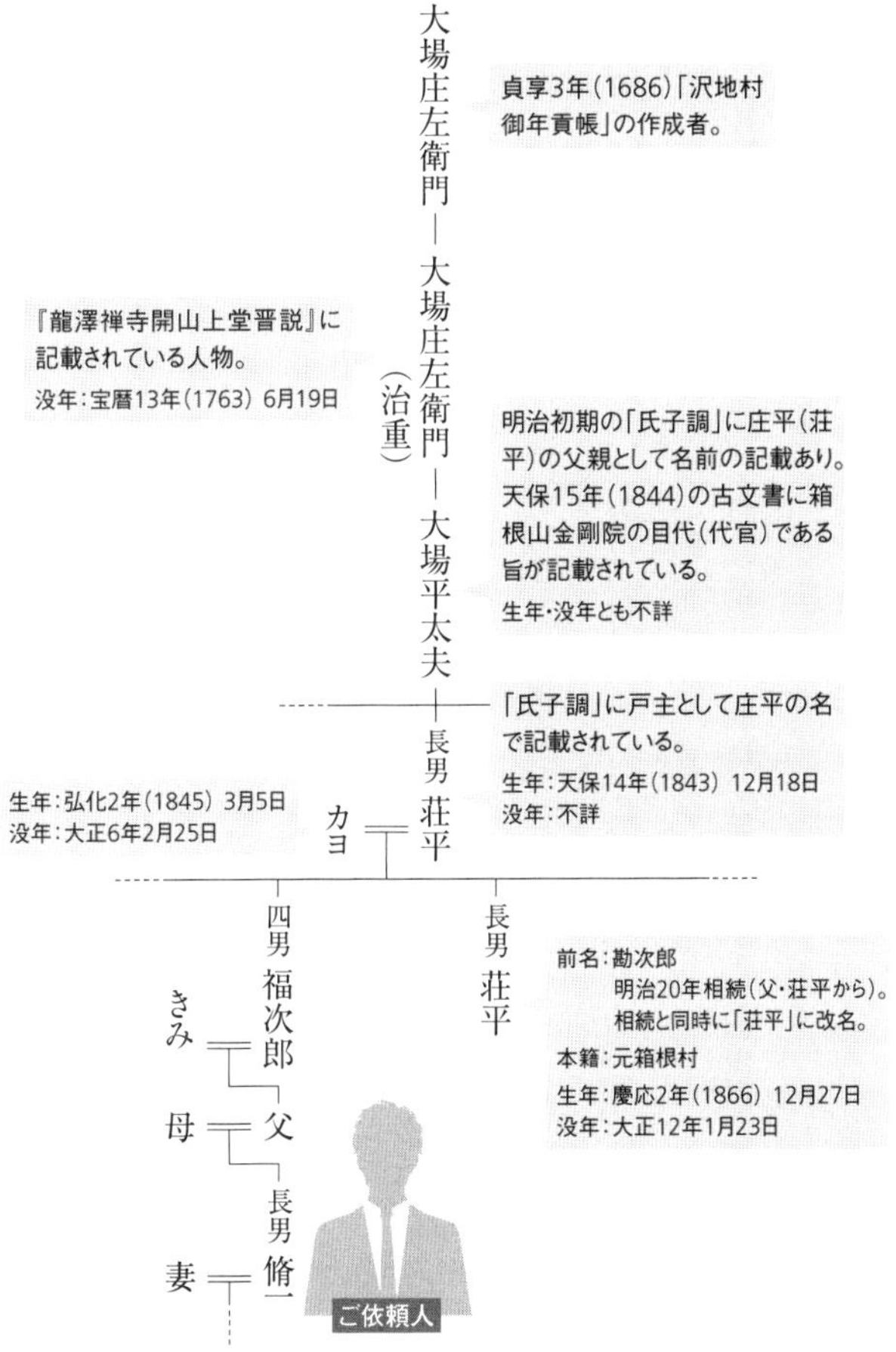
大場庄左衛門
貞享3年（1686）「沢地村御年貢帳」の作成者。
大場庄左衛門（治重）
『龍澤禅寺開山上堂晋説』に記載されている人物。
没年：宝暦13年（1763）6月19日
大場平太夫
明治初期の「氏子調」に庄平（荘平）の父親として名前の記載あり。天保15年（1844）の古文書に箱根山金剛院の目代（代官）である旨が記載されている。
生年・没年とも不詳
長男 荘平
「氏子調」に戸主として庄平の名で記載されている。
生年：天保14年（1843）12月18日
没年：不詳
カヨ
生年：弘化2年（1845）3月5日
没年：大正6年2月25日
四男 福次郎
長男 荘平
前名：勘次郎
明治20年相続（父・荘平から）。
相続と同時に「荘平」に改名。
本籍：元箱根村
生年：慶応2年（1866）12月27日
没年：大正12年1月23日
きみ
母
父
長男 脩一
妻
ご依頼人

## 神仏分離の時代へ

さて、川井家所蔵の古文書群内には、もう一つ興味深い史料が存在しました。それは、明治9年に作成された「履歴書」というものです（図表21）。ここに、大場庄平（脩一さんの曽祖父）他4人の名前が挙げられ、その履歴が次のように記述されています。

右の者は往古より神社に奉仕する社人家で、別当職として仏に帰依しつつ神勤もしてきたところ、明治元年御一新の節、神仏は分離すべきであり、双方に仕えるべきではないとして別当職が廃止されたので、願い出て復飾し、神主職を拝命しました。しかし、私共はそのまま往古よりの仕来りの通り、社人家としての禄の分配を受け、神勤してまいりました。

明治六年に社格が定められた節、一同は平民としての戸籍になり、以来一戸を相続してきました。

右の通り相違ありません。以上。

## 図表21　履歴書(川井家文書)

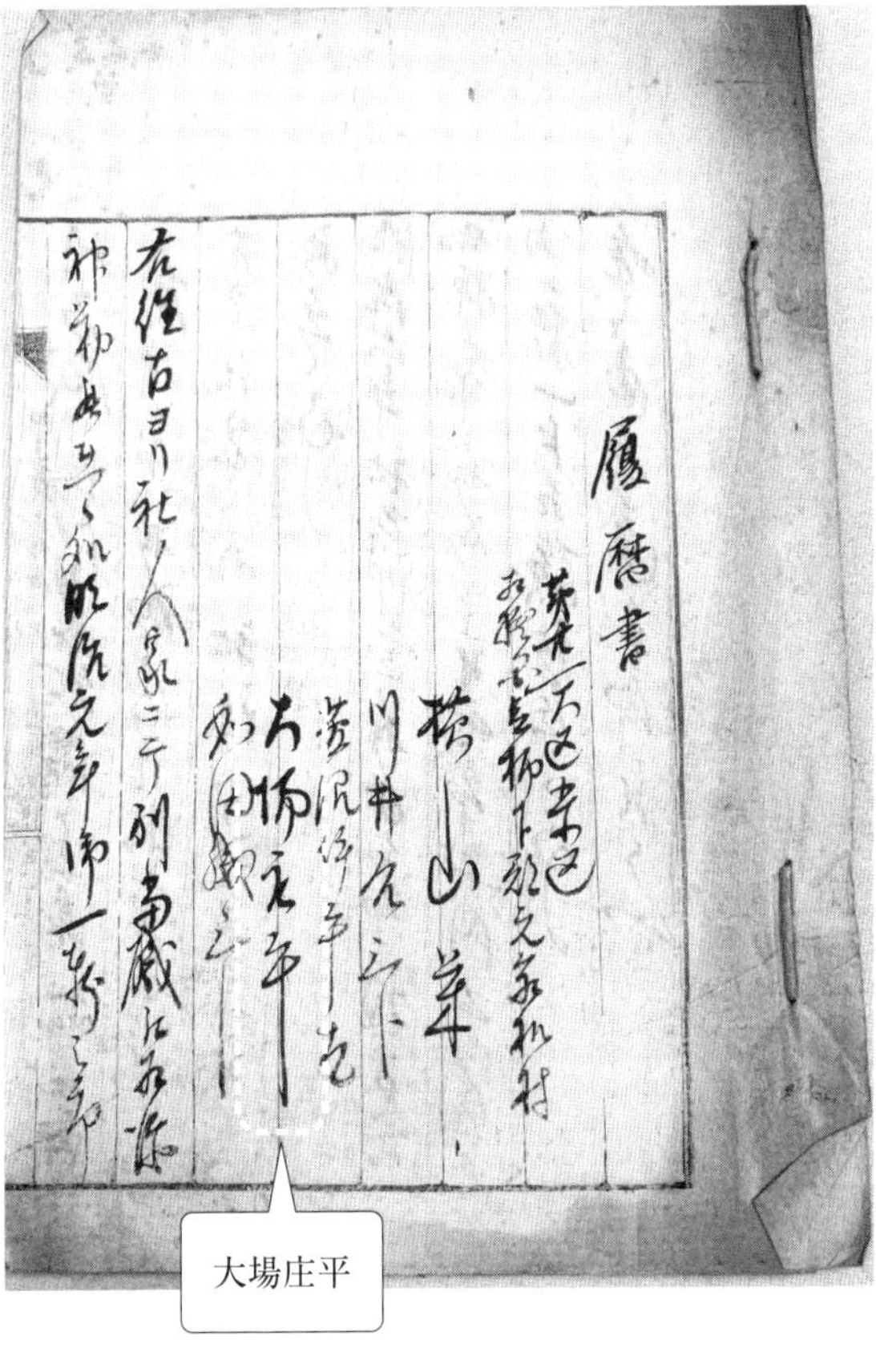

明治九年九月

つまり、この5名については、往古よりの社人《しゃにん》(神社に奉仕する人)家であり、かつ別当職として仏にも帰依したこと、神仏習合の中で大場家も寺の仕事も務めてきたことがわかります。

明治維新を迎えると神仏分離の政策がとられたため、神と仏の両方に仕えるべきではないということになり、僧籍は抜けて神主職を拝命することになりました。ただし、5名は神主というよりも往古のとおり社人家として箱根神社が所領から得られる収益を分配してもらう形(つまり、神社に仕官する)を希望し、そのようにして神勤を続けたといいます。

ところが、明治6年に社格が定められた際に族籍が「平民」となったと書かれています。本来は箱根権現社に仕える武士であったが、ここで族籍は平民にされたということのようです。

このように、大場家は政治的な動きにより、神仏習合から神仏分離というまったく異なる信仰体系がとられていく中で、社人でありながら仏にも帰依し、そしてまた社人に戻るという動きを余儀なくされたという歴史が見えてきました。

第3章

# 一人でできる家系図の書き方・調べ方

## 先祖探しの基本は、まず戸籍の取得

ここからは、いよいよ皆さんご自身が先祖調査をして家系図を作成する番です。すべてを専門家に依頼するという方法もありますが、ここでは自分でやってみたいという方向けに解説していきましょう。

先祖調査の基本は戸籍の取得です。

第1章でもお話ししたとおり、戸籍は自身からさかのぼって上（父母・祖父母・曽祖父母・高祖父母……）に上にと取得していくことが可能です。

上につながる関係を「直系」と呼び、横（直系にあたる方の兄弟姉妹）につながる関係を「傍系」と呼びます。傍系の方を目指して戸籍を取得することはできませんが、直系にあたる方の戸籍は取得する権利があります（たとえ、直系の方の戸籍内に傍系の方が含まれていたとしても取得できます）。

直系にあたる人物の戸籍をできるだけ取得していき、「これ以上はもう古い戸籍がありません」と役所で戸籍係の方に言われるまでさかのぼっていきます。

前述のとおり、2024年3月1日から「戸籍の広域交付制度」が実施され、どこの役所の窓口でも他地域の戸籍を取得することができるようになったため、これを利用するのが簡易です。

ただし、現在のところ、この制度を使えるのは自身の先祖の戸籍を取得する際だけ。代理人として他の方の戸籍を取得する際には、この制度が使えないので注意が必要です。たとえば、配偶者の先祖の戸籍を配偶者の委任状によって代理取得しようという場合には、広域交付制度は使えず、従来のように郵送での申請となってしまいます。

さて、この基本を踏まえたらいざ役所に出向きたいところですが、その前に自身の中で方針を決めておかないとスムーズに進みません。

自身の父方だけをたどるのか？

それとも母方だけをたどるのか？

あるいはその両方か、さらには父方・母方それぞれの祖父・祖母の家はどうするのか？

途中で養子に入ってきた人物がいた場合には、養父の家をたどるのか？　それとも、養子に入ってきた方の生家をたどるのか？（養子で入籍してきた方がいる場合、実の父母をたどることも養父母をたどることも可能です）

いくら広域交付制度で戸籍取得が便利になったといっても、先祖をたどる方針は自身で決め、自身で役所に伝える必要があります。

私のおすすめは、まずは一つの家だけに絞って戸籍を取得してみることです。たとえば、この本を執筆している私は丸山姓ですので、とにかく「丸山家の戸籍を上に上に取得する」と決めて実行するという形です。

たとえ、途中で養子に入ってきた方がいたとしても、役所で「とにかく丸山家を上に上にさかのぼってください」と伝えます。

そのようにして、どこか一つの家の戸籍を古いところまですべて取得すると、戸籍というものに慣れてきます。この経験によって「次は父方祖母の家をたどってみようか」などと、次なる方針が立てやすくなりますのでおすすめです。

## 戸籍は「本籍地＋筆頭者（戸主）」で管理されている

戸籍取得を進める上で、これだけは覚えておくとスムーズになるという知識をいくつかお伝えします。

日本の戸籍は、一通ごとに「本籍地＋筆頭者（戸主）」で管理されています。現在の戸籍で先頭に記載される人物は「筆頭者」と呼ばれますが、昭和22年改正前までの旧民法下では「戸主」と呼ばれました。

呼び方は異なりますが、筆頭者（戸主）はその戸籍の見出しになっています。紙で管理されていた時代も、コンピュータ化された現在でも、必ず戸籍を請求する際は「誰が筆頭者（戸主）の戸籍が欲しいのか？」という点を問われます。

現在、自分の戸籍を取得する際にも、申請書には必ず「筆頭者を記載する欄」があります。自身が筆頭者であるという人もいれば、父や母、配偶者が筆頭者になっているという方もいるでしょう。

戸籍の見出しになっているもう一つの事項が「本籍地」です。たとえば、「埼玉県所沢市小手指町一丁目22番地13号」というようにです。

ですので、戸籍を請求する際には「本籍が埼玉県所沢市小手指町一丁目22番地13号、筆頭者が丸山学の戸籍」と指定して申請します。役所により申請の書式は若干異なりますが、求められる事項は同一です。

さらには、その戸籍内の誰の分が必要かも指定します（その際、その人物が自身の直系にあたる人であることが求められるのは先にも述べたとおりです）。

実際の申請手続きの際には「丸山家の直系尊属をたどれる限り」という形をとれば、役所のほうで勝手にどんどん取得してくれることもあります。しかし、現実的には一点一点、自身で指定して次に進まなければならない場合もあり、この辺りは正直、役所により対応が異なるのが実状です。

いずれにせよ、申請のポイントとしては、「①本籍地とその戸籍の筆頭者が誰であるか？」、「②その戸籍内のどの人物を目指して取得するのか？」が問われるのだと心得ておきましょう。

さて、このように、自分の分を取得するのはよいとして、さらにさかのぼっていく場合、「次の戸籍の情報（本籍地＋筆頭者）をどうやって知ればいいのか？」という疑問が出てきます。

## 精巧なリンクシステムでつくられる日本の戸籍

簡単に戸籍制度をおさらいしておきます。

現代につながる戸籍制度は明治5年に開始されました。この際の戸籍の様式は、干支にちなんで「壬申《じんしん》戸籍」などとも呼ばれます。

ただし、壬申戸籍には犯罪歴が記載されている等の問題があり、現在では誰も取得することはできません。

現在取得できる戸籍は「明治19年式」の様式のものからです。壬申戸籍から始まり、戸籍は次のような何度かの様式変更が行われています。

・明治19年式
・明治31年式
・大正4年式

・現行戸籍（昭和23年式）
・コンピュータ化（平成6年）

それぞれの様式に違いはありますが、それはあまり気にする必要はありません。今は、先祖調査が趣味（特技？）のような方もいて、先祖沼（？）にハマるとそうした様式の違いにも詳しくなりますが、ここでは「色々な様式があるのだな」と覚えておくだけで構いません。

なぜなら、どの様式であっても戸籍をたどるための基本原則は変わらないからです。

基本原則というのは、

「戸籍内の各人物には、必ず従前にどの戸籍に属していたかが記載されているので、それをもとにして次の戸籍を申請する」という点です。

たとえば、私たちが目にする現在の戸籍を例に見てみましょう。

図表22はコンピュータ化された現在の戸籍です。

## 図表22 現在の戸籍例

(2の1)　全部事項証明

| | |
|---|---|
| 本籍<br>氏名 | 東京都渋谷区南国台二丁目3番地<br>山本 太郎 |
| 戸籍事項<br>戸籍編製 | 【編製日】平成10年4月3日 |
| 戸籍に記録されている者 | 【名】太郎<br>【生年月日】昭和45年10月4日　【配偶者区分】夫<br>【父】山本義雄<br>【母】山本すみれ<br>【続柄】長男 |
| 身分事項<br>出　生 | 【出生日】昭和45年10月4日<br>【出生地】東京都新宿区<br>【届出日】昭和45年10月10日<br>【届出人】父 |
| 婚　姻 | 【婚姻日】平成10年4月3日<br>【配偶者氏名】横田花子<br>【従前戸籍】東京都杉並区花園町一丁目1番地　山本義雄 |
| 戸籍に記録されている者 | 【名】花子<br>【生年月日】昭和50年1月5日　【配偶者区分】妻<br>【父】横田英之<br>【母】横田加奈子<br>【続柄】三女 |
| 身分事項<br>出　生 | 【出生日】昭和50年1月5日<br>【出生地】東京都世田谷区<br>【届出日】昭和50年1月8日<br>【届出人】父 |
| 婚　姻 | 【婚姻日】平成10年4月3日<br>【配偶者氏名】山本太郎<br>【従前戸籍】東京都世田谷区夢が丘一丁目3番地　横田英之 |
| 戸籍に記録されている者 | 【名】幸太郎 |

ここに太郎の従前戸籍の情報が記載されている。

花子が直前に属していた戸籍の情報。

夫婦の次に子どもが出生順に記載される。

以下次頁

山本太郎さんが筆頭者の戸籍ですが、「従前戸籍」という欄があり、「東京都杉並区花園町一丁目1番地　山本義雄」と書かれています。先ほど、戸籍は「本籍地＋筆頭者」でインデックスされているといいましたが、ここがまさにそれです。

「山本義雄」は太郎の父親ですから、この戸籍が作成される前には太郎は父親である杉並区花園町一丁目1番地を本籍とした山本義雄を筆頭者とする戸籍内に入っていたことがわかります。ですので、ここから自身の戸籍をさかのぼるためには次は「杉並区花園町一丁目1番地　山本義雄」の戸籍を請求すればよいのです。

このように、各人物はその戸籍内に入る前、「従前どの戸籍内に入っていたのか」が記載されているのです。

ですので、その人物が出生したところまでさかのぼって戸籍を取り、さらにその次にはその父親（あるいは母親）の戸籍を同様にさかのぼり、「自分・父・

祖父・曽祖父・高祖父……」と可能なところまで取得していくのです。

もちろん、一人の人間の戸籍は複数存在します。転籍などをすれば複数の役所にまたがって複数の戸籍を渡り歩いています。ですので、いくつもの役所に申請することになるのは珍しいことではありません。以前であれば複数の役所に郵送で請求を繰り返していましたが、2024年3月1日からの戸籍の広域交付制度により、一つの役所で遠隔地の戸籍も取得できるようになったというのが先ほどから繰り返している「便利になった」という部分です。

## 古い戸籍の読み解きにも慣れよう

古い戸籍でも考え方は同様ですので、試しに明治31年式戸籍の例を見てみましょう（図表23）。

ここでの表記は「筆頭者」ではなく「戸主」で、この事例では山本茂松という方が戸主となっています。明治31年式戸籍では「従前戸籍」という欄はないのですが、戸主については「戸主ト為リタル原因及ヒ年月日」という独特の欄があります。

さらに、山本茂松が戸主となった原因として「長野縣北安曇郡幸運村字明日弐拾五番地山本茂助方ヨリ分家」との記載があります。

つまり、山本茂松は従前には父である山本茂助の戸籍内に入っていたということです。そこから分家をして自らが戸主となり岐阜県大野郡青空町朝日五番地に本籍を置いたという経緯がわかります。

一方、父・山本茂助の本籍地は「長野県北安曇郡幸運村字明日25番地」であるとわかります。「長野県北安曇郡幸運村字明日」という地名は現代では変更されているはずですが、現在のその土地に該当する役所に対して「本籍：長野県北安曇郡幸運村字明日25番地　戸主：山本茂助」の戸籍を請求することになります。請求対象者は、山本茂松あるいは山本茂助とします。

なお、戸主以外の人物が従前にどの戸籍に入っていたかは、身分事項欄（名前の上にある欄）に記載がされています。

## 図表23 明治31年式戸籍の例

本籍　岐阜縣大野郡青空町朝日五番地

前戸主

昭和拾年参月九日午後七時本籍ニ於テ死亡同居者春山茂蔵届出同日
受付㊞
昭和拾年四月参拾日春山茂蔵家督相続届出アリタルニ因リ本戸籍ヲ
抹消ス㊞

妻・まきの従前戸籍はここに記載されている。

ここに山本茂松は明治28年に長野縣北安曇郡幸運村明日25番地に本籍を置く父・山本茂助から分家をしたことが記載されている。

戸主

前戸主ト続柄
父　山本茂助
母　亡ます
四男
山本茂松
出生　慶応二年拾壱月弐拾九日
戸主ト為リタル原因及ヒ年月日　長野縣北安曇郡幸運村字明日弐拾五番地山本茂助方ヨリ分家明治弐拾八年八月九日届出同日受付

明治弐拾八年八月九日岐阜縣大野郡青空町夕陽丘二番地浅野一之助
二女婚姻届出同日受付入籍
大正拾四年八月五日午後九時本籍ニ於テ死亡戸主春山茂松届出同月
受付㊞

妻

父　浅野一之助
母　トク
二女
前戸主ト続柄
まき
出生　明治五年八月弐拾弐日

この例でいえば、山本茂松の妻・まきについては身分事項欄に「明治弐拾八年八月九日岐阜県大野郡青空町夕陽丘二番地浅野一之助二女婚姻届出」との記載がありますので、まきの実家は「岐阜県大野郡青空町夕陽丘2番地の浅野家」であり、「浅野一之助の二女である」とわかります。ですので、まきの戸籍をさらにたどりたいと思えば、今度は「本籍：岐阜縣大野郡青空町夕陽丘2番地　戸主：浅野一之助　対象者：まき」で申請をすればよいのです。

このように、現代の戸籍であっても昔の戸籍であっても、すべての人物について、その前に入っていた戸籍がわかる仕組みになっています。

つまり、戸籍は精巧なリンクシステムが張り巡らされているものだといえます。

## 「現戸籍」「改製原戸籍」「除籍」とは何か？

これまで、現在のものでも昔のものでも一口に「戸籍」として説明してきましたが、実は戸籍には種類が3つ存在することを覚えておくと、戸籍請求がよりスムーズになります。

「除籍」という言葉は少しややこしいのですが、ある人物が戸籍内から除かれることを除籍と呼びます。死亡、婚姻により他家へ嫁ぐ、養子として他家へ入籍するといった事情で、一人の人物がそれまで入っていた戸籍から除かれることを「除籍」と表現します。

一方で、一通の戸籍自体を「除籍」と呼ぶケースもあります。

それは、その戸籍内に記載されていたすべての人が除籍（死亡、婚姻、養子等でその戸籍を抜ける）となった戸籍のことを指します（戸籍内の全員が抜けてしまった状態ですので、私はわかりやすく「戸籍の抜け殻」などと表現しています）。

どのような戸籍でも、いつかは必ず全員がいなくなってしまう日が来ます。そうなった戸籍は「除籍」と呼ばれ、「除籍簿」というものに綴られます（もちろん、コンピュータ化された現代では綴られることはないのですが、便宜的にそうイメージしましょう）。

実は、平成22年5月までは「除籍簿に綴られて80年が経過したものは廃棄してもよい」という決まりになっていました。ですので、役所によっては古い戸籍（除籍簿に綴られて80年以上経過したもの）を規定どおりに廃棄してしまっている場合もあります。もちろん、廃棄していない役所も多いのですが、これぱかりは実際に取得してみないとわかりません。

現在ではこの「80年規定」は150年に伸長され、平成22年6月以降はそうした廃棄が行われていませんが、過去に廃棄されてしまったものはどうにもなりません。

自身の祖先の戸籍が廃棄されていないことを願いつつ取得していくしかありませんし、将来的にはまた廃棄が始まる可能性もありますので、とにかく戸籍取得だけは早めに行っておくことが肝心です。

除籍と似て非なるものに「改製原戸籍」と呼ばれるものがあります。

本来は「かいせいげんこせき」と呼びますが、後述の現戸籍（げんこせき）

と紛らわしくなるために一般的には「はらこせき」と呼ばれることが多いです。役所の方が「はらこせき」と言ったら改製原戸籍という意味です。戸籍内の全員が除籍になったものはその戸籍自体も「除籍」と呼ぶようになりますが、実はまだ人が残っている状態でもその戸籍が「現在の戸籍」としては扱われなくなる場合があります。

それは、法律の改正により戸籍の様式が変更された場合です。

前述のように、戸籍の様式変更は時折行われてきました。新書式の戸籍に書き換えられることにより、古い書式の戸籍のほうは「現在の戸籍」ではなくなり「改製原戸籍」と呼ばれるようになります。改製原戸籍となったものも相続等で重要な役割を果たしますのできちんと保管されます。

一方、現在実際に使われている戸籍は「現戸籍」と呼ばれます。

細かく覚える必要はありませんが、戸籍にはこのように大きく3種類あるのだなと覚えておくと戸籍の意味を読み取りやすくなります。

重要な点は、戸籍は書き換えられると、その時点で除籍となっている人物

（すでに死亡した人や他家に嫁いだ人、養子に行かれた人）については新しい様式のほうには転記がされないことです。

昔は兄弟姉妹内で早世された人がいると、その人物が新様式の戸籍に転記されないばかりか、兄弟姉妹内での続柄（二男・二女など）が繰り上げられてしまうことがありました。

ですので、戸籍をさかのぼる場合には、できれば改製原戸籍も含めて漏れなく取得していきたいところです。それにより、これまで存在を知らなかった早世した子どものことが初めてわかる場合もあります。

## 役所に行く前に必ず電話しよう

お話ししたような知識があれば、あとは実際に役所に行って、自分の戸籍をさかのぼって取得していくだけです。

役所に出向く際には必ず事前に当該役所に電話をし、「広域交付制度を利用して自分から戸籍をさかのぼって先祖のものまで取得したい」「必要な持ち物はなんでしょうか？」「その場ですぐにすべてを発行してもらえますか？」と確認をしましょう。

戸籍の広域交付制度は全国一律の制度ではあるのですが、発足して間もないこともあり役所によって対応に差があるのが実状といえます。

他地域の戸籍をスムーズにどんどん短時間で発行してもらえる場合もあれば、非常に時間がかかるケースもあり、役所によっては後日また出向かなければならないとか、さらには直系先祖の戸籍を一度に発行するのは無理で、一人のご先祖様分をまず請求してそれを後日取りに出向き、その内容を踏まえてまた上の代の戸籍を請求し後日取りに行く……ということを繰り返す必要がある場合もあります。

自身やご先祖様がどれだけの役所を渡り歩いているか（つまり転籍を繰り返しているか）によって役所のほうでも戸籍取得の手間が大きく変わりますので、時間がかかることがあるのも仕方ないところです。

ですので、やはり事前に電話をして、すぐに発行してもらえそうか等を尋ねる、あるいは自身が出向けそうな近隣の役所のいくつかに電話をして、それぞれの対応を確認するなどして、最も早そう（出向く回数が少なくて済みそう）なところに的を絞っていくのがよいと思います。

施行されて間もない制度で、利用者も急増（相続で多く利用されます）しているさなかですので、スムーズにいかない場合もあることは心得ておきましょう。

## 戸籍取得にかかる費用

戸籍取得にかかる手数料は、全国ほぼ一律になっており次のとおりです（2025年3月現在）。

・現戸籍　450円
・改製原戸籍　750円
・除籍　750円

実際に一つの家分の戸籍をすべて取得すると、おおよそ7000～8000円くらいかかります。

もちろん、家により異なるのは当然ですが、自分からたどっていく場合にはまず自身の現戸籍1通、自分やご先祖様の改製原戸籍・除籍が10通程度になることが多いので、1万円まではいかないことが多いです。

従来の郵送で請求する方法ですと他に切手代、定額小為替の購入手数料などもかかっていましたが、広域交付制度を利用すればそうした費用はかからなくて済みます。

## 家系図の書き方

戸籍を取得したら、何はともあれ家系図を書いてみましょう。

はじめからパソコンを活用して綺麗に作成するのもよいのですが、私のおすすめは、まずは手書きです。

自分の手を動かして、時に消しゴムで修正しながら書いていくことにより、関係性が理解しやすくなります。

家系図の書き方には絶対的な決まりはありません。ですので、ここでは一般的な書き方でご説明したいと思います（図表24）。

基本的には婚姻した男女は横二重線で結び、その子どもはその二重線から垂直に縦一本線を引いて「続柄」（長男・長女等）と名前を記載します。

一般的に、法律上の婚姻をしている場合には横二重線で結び、婚姻していない場合には横一本線で結びます。古い世代の話であればそれでもよいのですが、近年の系図でそのような差をつけるのは憚られる気持ちもあると思います。

作成した系図を誰が見るのかという点を考える必要がありますが、たとえば婚姻していない男女とその子どもがその系図を見る場合、他と差がついた書かれ方をしていることに少しショックを受けるかもしれません。

ですので、場合によっては婚姻をしていてもしていなくても、子どもがいる

## 図表24 婚姻している男女と婚姻していない男女の系図

**■夫婦の書き方**

婚姻関係にあるもの同士は横に並べて二重線で結びます。

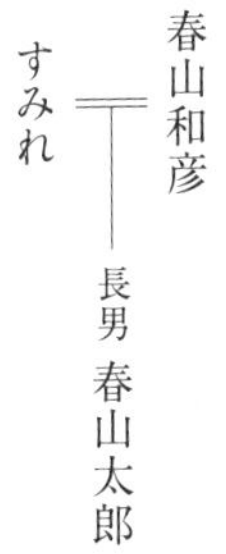
春山和彦
すみれ
長男　春山太郎

**■事実婚の昔ながらの書き方（法的な婚姻関係にない場合）**

横に並べて一本線で結びます。

秋川貴一
橋本智子
男　橋本　翔

男女の間は一律で横二重線で結ぶようにしてもよいでしょう。

　また、婚姻していない男女の間の子どもは非嫡出子《ひちゃくしゅつし》と呼ばれ、平成16年までは戸籍上の続柄には「長男」「二男」などでなく、単に「男」「女」とだけ記載がされていました。この点についても必ずしも昔ながらの戸籍の記載にとらわれず、「長男」「二男」「長女」などと現代的に直して記載してもよいかと思われます。

　他にも、養子である場合には両親から垂直に引く縦線も二重線にするのが一般的です（実子は一本線、養子は二重線)。また、複数回結婚している方の場合、男性であれば先妻・後妻の双方を記載してもよいですし、自身へとつながるほうの妻だけを記載する場合もあります。いずれもルールがある訳ではありませんので、自由に決めていただくのがよいと思います。

昔は親族間の婚姻・養子縁組も多くありましたので、系線が複雑になる場合もあります。そうなりますと、どうしても系線をクロスさせないと表現できなくなります。

図表25にはそうした場合も含めた系図の記載例を掲げておきます。

## 旧土地台帳の取得で暮らしをイメージする

前章において旧土地台帳について触れました(54ページ)。戸籍を古くまで取得しますと、ご先祖様の本籍地が確認できます。そして、その土地の旧土地台帳を取得すると、所有者の変遷を知ることができます。

自身のご先祖様のお名前が出てくれば古くからその土地を所有していたこと

## 図表25 家系図の記載例

### ■先妻・後妻の書き方

右側に先妻、左側に後妻を配置します。

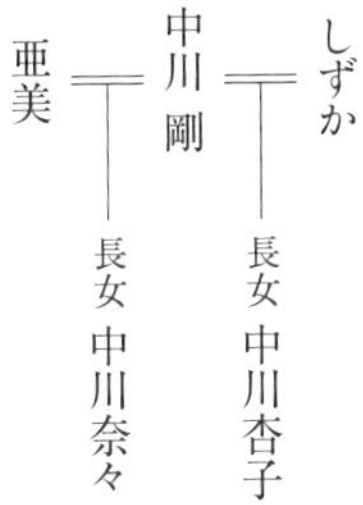


### ■家系図の中で線がクロスする時の書き方

多くの人物を書き込む時には線がクロスすることがあります。
その場合には、曲線をうまく使って見やすくするとよいでしょう。

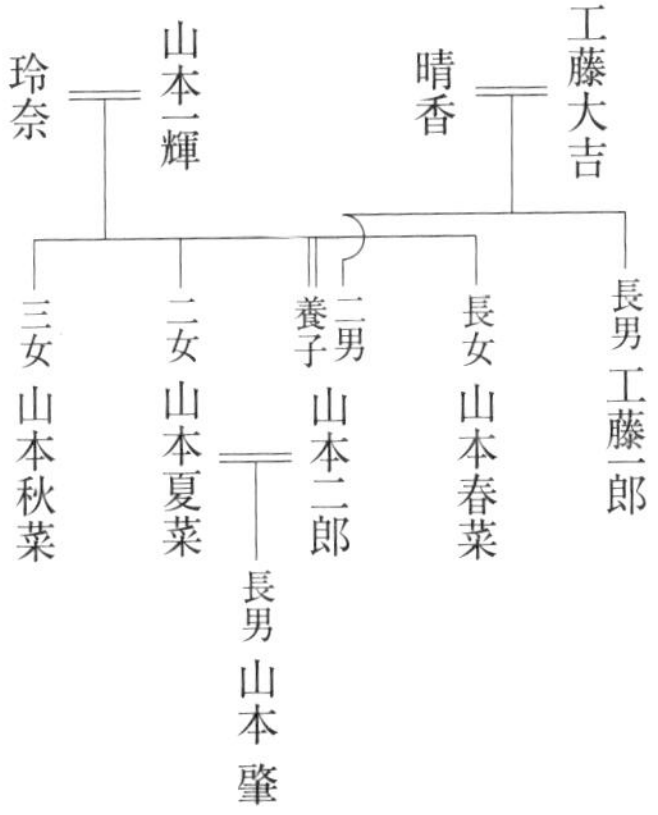

がわかりますし、異なる名前が出てくる場合にはその土地を賃借して暮らしていたのであろうと推測ができます。

こうしたことからご先祖様の暮らしぶり、経済状況などが想像できますし、廃棄が進んで戸籍で古くまで先祖名をたどれない場合でも、旧土地台帳によってご先祖様の名前が判明することもあります。

最古の本籍地の旧土地台帳はできるだけ取得しておきたいところです。旧土地台帳は各地域の法務局に保管されており、郵送で請求・取得することができます。

ご参考までに当事務所で使用している申請用紙のひな型を掲載しておきますが、申請にあたってはそれぞれの法務局に電話をし、郵送申請の手順を確認されることをおすすめします（図表26）。

## 地名辞典で本籍地のことを確認しよう

通常、一般的な先祖調査・家系図作成といえば、だいたいは戸籍取得をした

## 図表26 旧土地台帳申請のひな型

### 旧土地台帳　謄本交付申請書

さいたま　地方法務局
所沢　支局　御中

<table>
<tr><td colspan="2">申請日</td><td>2025 年 3 月 20 日</td></tr>
<tr><td colspan="2">物　件</td><td>埼玉県入間郡上所沢村字下平間 8 番地 10 号</td></tr>
<tr><td colspan="2">所有者</td><td>山田（所有者が異なっても発行希望です）</td></tr>
<tr><td colspan="2">必要な通数</td><td>1 通</td></tr>
<tr><td rowspan="3">申請人</td><td>住　所</td><td>神奈川県川崎市麻生区笹原一丁目 60 番 120 号</td></tr>
<tr><td>氏　名</td><td>土地　太郎</td></tr>
<tr><td>電　話</td><td>044-123-4567</td></tr>
</table>

ところで調査は終わりです。旧土地台帳を取得するだけでもかなりマニアック（？）な世界に入ってきているといえます。

しかし、ここからは中級編としてさらなる手法をご紹介しますので、ご自身のできそうなところまで進んでみてください。

まずは、地名辞典です。ご先祖様の本籍地である村（町）について調べてみましょう。

地名辞典としては、『角川日本地名大辞典』（角川書店）、『日本歴史地名大系』（平凡社）がおすすめです。いずれも、中世〜昭和期の史料上から確認できる村・町について、その歴史が詳述されています。

大きな図書館に行けば全巻揃っているところが多いと思います（現在はどの図書館もWeb上で蔵書検索ができますので確認してみましょう）。

たとえば、戸籍を古くまで取得した結果、ご先祖様の最古の本籍地が、鳥取県鳥取市御弓町《おゆみのちょう》という土地だったとします。試しに、『角川日本地名大辞典31鳥取県』で「御弓町」の項を引いてみると、次のように記述されています。

「江戸期は鳥取城下の武家屋敷地で……」

武家屋敷地ということで、江戸時代には鳥取藩士（武士）が居住していた場所であることがわかります。もちろん、これだけで絶対そうだとは言い切れませんが、こうした情報に出会えれば「ご先祖様は鳥取藩士だったのかもしれない」という仮説が生まれます。

各藩には分限帳（40ページ）という藩士名簿というべき文書が残されていますし、その他にも由緒書など家系調査に役立つ史料が現存している場合があります。

ですので、次はそうした史料にあたっていくことにより、さらなるご先祖様の記録に出会えるかもしれません。

また、農村地帯（村）であったとしても、「慶応元年の当村の宗門人別帳《しゅうもんにんべつちょう》によれば……」というように、当該村の古文書の存在が記述されている場合もあります。上級編にはなりますが、本格的に調査をするのであれば、ご先祖様の居住村にどのような古文書が存在するのかがわかると大きなヒントになります。

## 郷土誌にご先祖様のお名前があるかも

地名辞典から一歩進めて、本籍地の郷土誌も読みたいところです。

昭和の後期から平成前期にかけて、日本の各自治体では郷土誌の刊行が盛んになりました。たとえば、『所沢市史』というように市町村の名前を冠して『○○市史』『○○町誌』といったタイトルになっているのが一般的です。

そして、ここでいきてくるのが先ほどの地名辞典による調査です。

ご存じのとおり、自治体は合併・名称変更を繰り返しています。そのため明治時代の村名はその後別の町名になり、さらに合併の上で市になっているのが一般的です。

しかし、そうしたすでに消滅した町名・村名で検索するほうが、より古く小さい地域の郷土誌に出会うことができます。より小さい地域について記述されている郷土誌のほうがご先祖様の記録に出会える可能性も高まります。

とはいえ、より新しい『〇〇市史』のほうが地域の古文書が活字化され、掲載されている確率は高まりますので、最古の本籍地に関わる郷土誌についてはできるだけすべてを見たほうがよいといえます。

まずは、国会図書館の蔵書検索サイトで村名・町名・市名と「史」「誌」などの組み合わせを用いて検索してみましょう。現在では郷土誌も多くデジタル化され、そのまま国会図書館デジタルコレクションのWeb上で読める場合があります。

郷土誌には、明治時代の戸長《こちょう》（その後の村長のような役職）等役職者の名前や地域の功労者等が実名で掲載されていますので、そこでご先祖様の記録に出会うことも珍しくはありません。

その他にも、明治10年の西南戦争、明治37～38年の日露戦争の従軍者・戦死者の氏名が記載されていることが多いですし、開拓のために入植した人々の氏名、また郷土誌によっては明治期の村の全戸の当主名などが掲載されていることもあります。

藩が存在した地域の郷土誌であれば、藩の分限帳がそのまま活字化されていることも多くありますので、藩士（武士）であった可能性が高い場合にはそれを見ていくことによりご先祖様の記録に出会うこともあります。

結果はわかりませんが、ご先祖様の記録に出会えるかもしれない訳ですから、ここまでやらないともったいないといえます。

また、直接的に自身のご先祖様の記録が出てこなかったとしても、ご先祖様が暮らした地域の情報が得られることで、暮らしをイメージすることができます。その点でも大いに有益なことと私は考えています。

## 菩提寺に話を伺う

江戸時代の日本では、すべての国民が寺の檀家（門徒）であることを求められました。

そのため、ご先祖様の記録が今もその菩提寺に残っている可能性は高いといえます。

お寺では檀家が亡くなると、その方の死亡記録を付けていきます。没年月日・戒名・俗名・当主との続柄といった事項が「過去帳」というものに書き付けられていきます。そうした記録を知ることができれば、戸籍よりもさらに古い時代のご先祖様の記録に出会えることになります。

ただし、お寺の過去帳は家ごとに記される訳ではなく、基本的に全檀家が同じ帳面に書き付けられています。そのため、個人情報保護の観点からどの宗派でもお寺の過去帳の閲覧は禁止されています。

ですので、先祖調査・家系図作成の中でできうることは、ご住職にお願いをして自家のご先祖様の記録を見ていただくことです。

江戸時代の記録は武士以外は名字も記載されていないのが一般的で、ご住職とはいえ特定の家のご先祖様を抜き出していくのは困難な作業といえます。

そもそも、過去帳は公文書ではありませんので、お寺としては内容を公開する義務もありません。ですので、そうした大変な作業を「お願い」することが現在の私たちにできる最大の方法といえます。

丁寧にお願いするのは当然のことながら、できるだけこちらからも情報を提供するようにしなければなりません。

後述のとおり、古い墓石（江戸時代）があればそこから没年月日・戒名などをできる限り読み解いた上で「墓石には俗名が刻まれていませんので、この方々の俗名がお寺の過去帳に記載されているかどうか見ていただけないでしょうか」というようにお願いする必要があります。

過去帳だけでなく、菩提寺の歴史などをご住職にお伺いすると、そこからまたご先祖様の歴史が見えてくることもあります。先祖調査・家系図作成を始めたら、一度は菩提寺をお訪ねしたいところです。

なお、戸籍を取得して初めてご先祖様の居住地が判明した場合など、当然、当時の菩提寺がどちらであったかはわかりません。そうした場合には、まずその近隣のお寺に戸籍で判明した明治時代のご先祖様の氏名・没年月日をお伝えして、そちら様の檀家ではなかったでしょうか？　とお尋ねするところから始める必要があります。

この場合も、お寺のほうに調べる義務がある訳ではありませんので、丁寧にお願いしていくしかありません。

この辺りになりますと、郷土誌を読むのとは異なり、人とのコミュニケーションが必要になりますが、それまでわからなかった菩提寺に出会えるだけでも大きな感動が生まれます。

## 本家に連絡するのも有効

これもまたコミュニケーションを要する調査ですが、本家・同姓宅に連絡を取るのも有効な方法です。

本家にあたる家には、当然にさらなるご先祖様の記録がある可能性が高く、協力を得られればより有益な情報に巡り合えることになります。

本家がどの家かわかっており、関係性が続いていれば簡単ですが、現在お付き合いがないという場合には、やはり丁寧な手紙を書いてお願いするところから始めていく必要があります。

いちばん問題となるのが、そもそも自家の本家にあたる家の現在の所在がわからないという場合です。

実は現代ではこの「本家の現在の所在がわからない」という点が先祖探しの大問題となっています。

一昔前であれば、戸籍をたどることで本家の番地までわかり、電話帳等で調べればそこに今も同姓宅が存在しており容易にそこが本家だとわかりました。

しかし、現代では地方でも家の流動が多く、本家がどこか別の土地に引っ越してしまっており連絡先もわからないというケースが増えています。

戸籍は前述のとおり、直系尊属（上に上に）を目指して取得ができます。

ですので、祖父が本家から分家をしているという場合には、本家の当主である曽祖父や高祖父の戸籍も取得はできます。

ただし、たとえば祖父の兄が本家を継いでいるのであれば、その兄は傍系となり、枝分かれしたあとの本家の戸籍は取得する権利がありません。

つまり、本家（祖父の兄）の末裔の戸籍が取得できないために、その土地を離れて転籍している場合にはその転籍先（移住先）がわからないという問題が発生するのです。

実際に私が先祖調査の仕事をしていても、この「本家が現在どこにいるかわからない」問題に多く直面します。

本家に連絡さえ取れれば、本家にはご先祖様についての史料（家の過去帳・お位牌・墓石等）も多くあるはずで、それを知ることができるのですが、そこが難しいのです。

しかし、色々と調べることにより、本家の現在の所在がわかったというケースもまた多くあります。

そうした実例の中から一例を挙げてみましょう。

その案件は、ご依頼人の母方の先祖を調査するものでした。

依頼人の母方祖父には先妻・後妻があり、依頼人は後妻との間の系統です。

そして、本家となるのは先妻との間に出生した長男の系統でした。

戸籍では、先妻との間に出生した長男のさらに長男にあたる方のお名前までわかります。仮にその方のお名前を一郎さんとしましょう。

一郎さんは昭和初期の生まれであることはわかり、ある職業に就かれていたことは伝わっているのですが現在の所在は不明です。依頼人がお付き合いのある祖父の後妻系統の方々もみな本家の一郎さんの所在はわからないといいます。電話帳を確認しても特定はできませんでした。同姓同名の方は多くいるのですが、いったいどの方が探している一郎さんかはわかりません。ところが、私のほうで色々と調べてみると、その一郎さんが電子書籍を刊行されていることがわかりました。

書籍の内容はご自身の趣味について書かれたものですが、「あとがき」に記述されている内容から依頼人の母方祖父と先妻の間の長男の長男である一郎さんであると確信できました。

これが一般的な書籍であれば、出版社を通じて連絡を試みるという方法が考えられますが、ネット上での電子書籍サービスでありそれもできませんでした。

ところが、「あとがき」の中で書籍出版に際してある人物への謝辞が記載されていました。その人物はある大学の教授であり、その教授のメールアドレスが運よくネット上に公開されていたのです。

そこで、私のほうからその教授に事情を説明したメールを送信し「こうした事情で一郎様に連絡を取りたいと考えており、一郎様にこのメールを転送いただけないでしょうか？」と、お願いをしてみました。

そうしましたところ、すぐに転送していただいたようで一郎さんから私のもとにメールが来たのでした。

ご先祖様に関する史料をお持ちでないでしょうか？　と、お尋ねすると古くからの家系図を所持されているといいます。そして、それを見せていただけるとのことでご住所・電話番号も教えていただき、早速訪問させていただきました。

巻物になっている古くからの家系図には1000年以上前からの系譜が連綿

と記されており、そこには依頼人の母方祖父の名前まで記載されていました。これにより、依頼人の母方の1000年以上前からの系図が作成できることになりました。

旧家の本家筋では、このような系図を所持されているケースも珍しくはありません。自家から見た本家にあたる家を探して、その史料を見せていただくというのは先祖調査の上では非常に有効なのです。

## 同姓調査を敢行する

私が行っている実際の戸籍の範囲を超えた先祖調査では、関係性が不明ながらも電話帳でわかる同姓の家々に手紙を出すということも行います。

特に希少姓（珍しい名字）の場合に、その一族の大きなルーツを探す時には有効です。

近畿地方のA県A市にお住まいの方からご依頼をいただいた案件で興味深い事例があります。そちらの家はまさに希少姓といえる珍しい名字です。

日本の名字の大半は地名に依拠して発祥していますが、ご依頼人の名字は地名が基になっているものではありませんし、地形的な姓（川上など）でもありません。

この案件は400年たどることを目標としたものであり、古文書等の調査ですでに400年前から現在にいたる先祖が明確となり家系図はできあがっていたのですが、やはりその珍しい姓の由来が気になります。

電話帳を見てみると、その姓は全国に数十軒の登録がありました。ただし、依頼人の本籍地であるA県には少なく、そこから数百キロメートル離れたB県B市になぜか多く分布しています。そこで、そのB県B市の同姓宅はもちろんのこと、その他の全都道府県にある同姓宅すべてに私から手紙を出して、その姓の由来や歴史についてご存じのことがないかお尋ねしてみました。

こうした同姓調査の手紙を出しても、ご返信をいただけるのは少数であり、ご返信をいただけない家々には電話をして確認していきました。

その結果、姓の由来が明確に伝わっている家は残念ながらなかったのですが、興味深い事実がわかってきました。

それは、依頼人のA県から遠く離れたB県B市に固まって存在する同姓宅に伝承されている話を総合すると「江戸時代初期にA県から来住したのが始まり」「漁業を行うためにこの土地に移住してきた」というものでした。

つまり、数百キロメートルも離れた土地ではありますが、おおもとはA県の一族であった方々が、江戸時代初期に漁業のためにB県に来住し、現在の分布になっているということがわかったのです。

私のほうで実際にB県B市の同姓宅の中でも最も古いお宅を訪問し、お話を伺うと、家紋も依頼人家と同一のものを使用されていました。また、B市の神社の境内にある石灯籠には江戸時代初期にその姓の人々の名が刻まれており、確かにA県A市のほうから来住したことがわかる文言も刻まれていました。

こうして、双方が400年ほど前に枝分かれした同族であることが判明したのです。

この案件では残念ながら、その姓の由来までは明確にはわかりませんでしたが、こうした同姓調査をするとわずかながらその姓の由来を聞き及んでいる方がいるケースもあり、まったく謎であった姓の由来が判明することもあります。

私の実感では、希少姓でありその姓の由来が不明な場合には、こうした同姓調査も有効といえます。

## 拓本で、墓石の文字情報を読み解く

自家の墓地に古い墓石がある場合には、当然それらをすべて調べる必要があります。

また、本家に古い墓石がある場合には本家にご協力をお願いして墓石に刻まれている文字をすべて読み取っていきます。

江戸時代のものは摩耗して文字が読めない場合もありますが、そうした時には拓本《たくほん》（魚拓と似ていますが、魚拓とは異なり墓石などの対象物には墨を付けずに文字を読み取る手法）を取ります。すると、肉眼では読めない江戸時代のご先祖様の記録（没年月日・戒名・俗名等）も読めるようになります。

もし、没年月日・戒名しか刻まれておらず俗名がわからない場合などは、前述のとおり菩提寺のご住職にお寺の過去帳に俗名が記載されていないか確認をお願いすることになります。

そのような調査を経て江戸時代のご先祖様の俗名までわかることもあります。ところで、そうした古い墓石調査をしていると名字とは異なる姓が刻まれていることに気づくことがあります。主に、「源」「平」「藤原」などです。

これは、姓ではあるものの、現在の名字とは異なる「本姓」というべきものです。

名字は中世以降に武士団が土地名に拠り私称したものですが、本姓は主に天皇家から賜った本来の姓です。名字よりもさらに古いものです。

源（みなもと）はいわゆる源氏、平（たいら）はいわゆる平氏です。藤原（ふじわら）は、大化の改新の中心人物である藤原鎌足《ふじわらのかまたり》を太祖とする一族を指します。

これなどもまさに1000年以上も前のルーツを示すものとなりますので、

特に「源」「平」「藤原」という文字が墓石に彫られていた際にはきちんと記録しておきましょう。

## 上級編　古文書はAIがくずし字を読んでくれる時代

江戸時代には、村・町ごとに庄屋・名主と呼ばれる家がさまざまな文書を作成していました。

現在「古文書《こもんじょ》」と呼ばれるそうした文書には、村人（町人）についての記載も多く、そこから戸籍以上の情報が読み取れる場合があります。

たとえば、各村・町で毎年作成されていた文書に「宗門人別帳」と呼ばれるものがあります（「宗門人別改帳」「宗門人別御改帳」など地域により名称は若干異なります）。

これは現代でいえば戸籍に相当する文書であり、村（町）内の一軒一軒について当主を筆頭に家族の名前・続柄・年齢が記されています（ただし、江戸時代のことですので、当主以外は「妻」「倅」「娘」という続柄のみで名前が記されていない場合もあります）。

自身のルーツの土地の宗門人別帳が現存しており、それを見ることができれば、江戸時代の系譜までも明確になります。

ただし、宗門人別帳が全年代分現存している村（町）は非常にまれで、残っていたとしても江戸時代後期の2、3年代分というのが一般的です。そして、自身のルーツの村・町のそうした古文書群が現存しているのか否か、また現存しているとして現在どこに所蔵されているのかは調べてみないとわかりません。

現存している場合、こうした古文書群を所蔵しているのは主に次の3か所です。

1　旧庄屋・名主宅で今も個人所蔵している。
2　地域（旧村・町）の共有物として公民館等で所蔵している。
3　市町村・県で所蔵している（旧庄屋・名主宅から寄贈されている）。

どこにあるかは市町村の文化財課などに尋ねる、あるいはその地域の郷土誌を読むなどして探していくしかありません。運がよいと、郷土誌に活字化されて掲載されている場合もあります。

ただし、現物を見る機会に恵まれた場合でも、こうした古文書は当然ながら「くずし字」で書かれているという問題点があります。書道をされている等でそうした文字を読める方以外ではなかなか解読が難しいのが実状ですので、どうしても上級編ということになります。

昨今ではそうした「くずし字」を読むことを趣味にされる方も多く、各地の講座も賑わっています。趣味を兼ねて習得するのも一つの手ではあります。

また、現代ならではのテクノロジーも使えます。最近ではそうした「くずし字」で書かれた文書を撮影して、その写真を専用アプリに取り込むと、くずし字を瞬時に読んでくれる（活字化してくれる）というツールもあるのです。

スマホで使えるアプリとしては「みを（miwo）」などが有名です。もちろん、そうしたアプリもまだまだ完璧とはいえず、読み間違いも多々あります。現段階では字形から判読するだけで文脈まで踏まえての解読はできていません。

それでも、だいぶ解読の手助けにはなります。もし、先祖沼にハマった際には上級編の古文書にもチャレンジして先祖調査を楽しんでいただければと思います。

# 第4章

# ご先祖調査にまつわるQ&A

## Q.名字はルーツを示すものですか？

普段あたりまえのように使っている自身の名字ですが、なぜウチはこの名字なのか？　と考えると不思議な気持ちになりますよね。

一昔前は「江戸時代に名字を持っていたのは武士だけで、庶民は明治時代以降に適当に付けた」と信じていた方も多かったようです。

そうした中、昭和27年に洞富雄氏が『日本歴史』に発表した論文「江戸時代の一般庶民は果して苗字を持たなかつたか」は衝撃を与えました。自身の菩提寺の記録等を調べた結果、武士以外の農民も実は江戸時代から現在に通じる名字（苗字）は持っていた、だが公に名乗れなかっただけである、と論じたのです。

以後、さまざまな史料からどうやら庶民（武士以外）も江戸時代に名字を持っていたということがわかってきました。

明治時代に戸籍制度ができた際、古来の名字とは関係なく適当に付けたという事例も確かにあったようです。ある地方の漁村では、各戸が魚の名前で届け出たとか。そうした話の面白さで取りざたされることも多く、「庶民は明治時代に適当に名字を付けた」という話を信じる人も多くなっていったように思えます。

しかし、高野山金剛峯寺の有力塔頭である高室院の古文書が調査され、庶民の多くが江戸時代やそれ以前から名字を名乗っていたことがわかってきました。また、各地の古文書からもそうした記録が出てきたために、自治体が刊行した郷土誌にも「庶民も江戸時代から名字を持っていた」旨を記述するものが多く出てきました。ですので、明治時代初期に古来の名字と関係なく適当に付けた家もない訳ではありませんが、多くは古来のものであると考えられます。

日本には10万種類を超える多様な名字が存在するといわれていますが、その多くが中世の武士団が使用を始めたものです。

そうした中世武士は元来は「源」「平」「藤原」といった本姓を名乗っていましたが、それとは別に自身が領した土地名を新たに名字として私称するようになっていきます。それが現代まで名字として残っており、それがために日本の名字の多くは土地名に依拠しているといえるのです。

たとえば、「佐々木」という名字がありますが、これは宇多天皇《うだてんのう》（第59代帝867〜931年）の皇子の末裔である源成頼《みなもとのなりより》（976〜1003年）が近江国の佐々木荘《ささきのしょう》（現滋賀県近江八幡市・東近江市）に下向し、その末裔が地名に拠って「佐々木」を名字として呼称するようになったことが始まりです。

もちろん、現在佐々木姓を名乗るすべての家がこの系統であるとは断じられませんが、名字辞典にはそれぞれの名字の発祥過程などが整理されていますので、自身の名字について一度調べてみると面白いと思います（現在であれば、そうした情報はWeb上にも豊富にありますので手軽に調べられます）。

そのように、名字から自家の大きなルーツを想定することを「上からの調査」、一方で自身から戸籍をさかのぼり、かつ本書で解説してきたような手法で上に上にとたどっていくことを「下からの調査」と私は呼んでいます。

上からと下からの双方を進めていくことにより、いつかそれがつながる時が来たら、それこそが先祖調査のゴールといえます。

## Q.家紋もルーツを示していますか？

家紋は先祖調査には役立つと同時に、はっきりしない部分もあるといえます。というのも家紋は自由に変えられるものだからです。

明治時代以降、名字を何らかの事情で変更する場合、届出をして戸籍にもそれが反映されました。

ところが、家紋には届出の義務がありません。好きなように変更することが可能です。現代において「この家紋が好きだから、これからウチはこれに変更する」としても届出の義務もなければ誰に咎められることもないのです。

また、近代に入り、本家・分家制度が法律上存在した時代でも、「分家した家は本家に憚《はばか》って家紋の外郭を変更する」ということは普通に行われていました。たとえば、本家は外郭のない「違い鷹の羽」紋を使用し、分家した家はあえて外郭（丸など）を付けて「丸に違い鷹の羽」紋にするという形です（図表27）。これは、やはり本家と完全に同じ紋を用いるのは「恐れ多いので憚る」という文化ゆえでしょう。

これまで調査してきた中では、外郭を付け足すというだけでなく、分家した家が本家とまったく異なる紋にしているというケースも目にしてきました。つまり、家紋は絶対不変のものとはいえず、そのため絶対的なルーツを示すとは言い切れないのです。

しかし、その一方、中世には氏族（同じ名字の同族）で決まった家紋を用いるというのは確かにありました。たとえば、名字の例で挙げた佐々木氏は「隅立て四つ目結」を使用しましたし、戦国武将の武田信玄で著名な武田氏族は「武田菱」（図表28）を代表紋として使用しました。ですので、武田姓であり、武田菱紋を使用しているのであれば、そこから自家のルーツに想いを馳せることもできます。

このように、家紋は絶対的なものではありませんが、「上からの調査」におけるルーツの想定には役立ちますし、「下からの調査」の際には同一地域の同姓宅に問い合わせる際に家紋の同一性が同族の可能性を高めるなど、一定の役割を果たします。

## 図表27 「違い鷹の羽」と「丸に違い鷹の羽」の家紋

違い鷹の羽

丸に違い鷹の羽

## 図表28 「武田菱」紋

いずれにしても自家の家紋を、名称も含め正確に把握しておくことが重要といえます。

## Q．専門家へ依頼する場合の注意点を教えてください

先祖調査・家系図作成というサービスは日常的なものではないため、何を基準に選べばよいのか難しいですね。高額なものでもあるため、依頼の際には充分な検討が必要です。

特に重要なのが、「どの範囲の調査をしてもらえるのか？」という点です。範囲としては大きく以下の2つにわかれます。

1　調査は戸籍の範囲に限定され、それ以上の調査は行わずに家系図を作成する

2　戸籍以上の調査を行い、その結果を踏まえて家系図を作成する

調査が戸籍取得に限定される場合には、判明するご先祖様も4〜5代前の江戸時代後期までというのが一般的です（ただし、何代判明するかはその家の当主の世代間隔や戸籍の廃棄具合に左右されますので一律ではありません）。

これだけであれば、一つの家分の調査・家系図作成で費用は数万円〜十数万円というのが一般的です。ただし、家系図作成を行う専門家もそれぞれに特色があります。

私などは戸籍の情報だけでしかご先祖様のことがわからないのでは少し物足りないと感じますので、「戸籍コース」の場合であっても戸籍調査に加えて国会図書館での文献調査を行い、さらにこれまでの調査で得た知見から、依頼人家の本籍地・名字・家紋などの情報も踏まえてルーツを想定する「歴史探訪報告書」というものを執筆して付けています（これまで800件ほどの歴史探訪報告書を執筆しています）。

ですので、1の戸籍の範囲の調査だとしても色々な特色があるので、やはり「何を行ってくれるのか？」という部分をきちんと事前に確認することが重要です。

また、2の戸籍以上の調査を行う依頼をする際に重要なのは、実際の調査を行う人がどのような調査実績・経験を持っているのかを事前に確認することです。

古文書の判読経験が浅い人が担当するのであれば、調査の中で重要な情報を見落とす可能性がありますし、こういうケースではどのような調査を行うことが有効か？　という判断が充分ではなくなります。

もちろん必要な史料が存在せず、戸籍以上のことがわからないという結果もあり得ます。ただ、その場合でも、適切な調査を行った結果としてわからなかったのか、あるいは不十分な調査であったためにダメであったのかは大きな違いです。

私のこれまでの戸籍以上の調査経験は約400件です。実感でいうと、だいたい100件くらいの経験を重ねると、「この案件ではあの史資料を見るべきだな」「こうした調査を行うことがより有効だな」「あの施設に古文書があるかもしれない」という見当がつくようになります。

ですので、戸籍を超えた先祖調査・家系図作成を依頼する場合には、担当してくれる調査員が100件超の経験を有していれば安心だと思えます。戸籍以上の先祖調査・家系図作成は費用が数十万円〜100万円以上になるのが一般的ですので、依頼先の選定はより慎重に行っていただきたいと思います。

## Q.先祖調査、現地での注意点はありますか？

先祖調査では戸籍を取得することが第一の基本ですが、本書で挙げた事例のように、そこから先は案件ごとに異なります。それだけ大変でもありますが、そこに面白みがあるともいえます。

また、文書を調べていくだけでなく、人とのつながりの中で得られるものも多く、それが醍醐味でもあります。最近の調査で印象に残ることをランダムに書き記してみたいと思います。

墓石調査をしていると時折、見知らぬ方から咎められることがあります。古い墓石を調査する際には作業着を着て行うことが多いのですが、「あんた何やってんの？」と少し怒ったように声をかけられることがあります。つい先日もありました。

墓地にはやはり業者さんの管轄というものがあり、声をかけられるのはだいたい石屋さんからです。見知らぬ業者が勝手に入り込んでいると思われて咎められてしまうのです（特に作業着を着ていると勘違いされます）。石屋さんからしたら死活問題ですから当然そうなります。

私は、誰かがこちらの様子を気にしているなと思ったら自分から「こんにちは〜」と声をかけるようにしています。そうして、「〇〇さんのお宅から分家した方から依頼をされて先祖調査・家系図の作成をしているんです」と、説明をします。

そうすると石屋さんも安心されますし、時に「ああ、こちらのお宅のこの石碑は私の祖父が刻んだものなんだよ」なんていう話をしてくれたり、「こちらの家と同族にあたる家のお墓があちらにもあるよ」と教えてくれたりもして、そこから新しい情報が得られることもあるのです。

石屋さんに限りません。特に地方に行くと、見知らぬ人間がウロウロしていれば近隣の方々も不安になります。

ですので、私はいつでも相手が声をかけやすいように、こちらから挨拶するように心がけています。気になることがあったら、いつでも気軽に声をかけられる雰囲気をつくるのです。世間話をきっかけに、地域のこと（江戸時代の庄屋宅はどの家であったか等）がわかる場合もあるので、挨拶は心がけたいところです。

**Q．墓石調査、自分でもできますか？**

墓石の話は、本文もぜひ参考にしていただきたいですが、数年前のエピソードで印象に残ったものがあるので、お話ししましょう。

墓地の地中には古い墓石が埋められていることがあります。

ある案件で、依頼人の本家にあたるお宅の当主とお話をした際、「昔は古い墓石がもっとあったのだけれど、地中に埋めてしまった」と教えていただきました。

以前からそういった話をたまに聞くことがあり、当初は「本当に地中に墓石を埋めたりするものかなあ？」などと疑問に思っていたのですが、その案件でたまたま調査期間内にそのお墓を改葬することになり、分家である依頼人がそれに立ち会うことができました。実際に地中から墓石が掘り出される現場を目の当たりにし、写真を撮って私に見せてくれたのです。

掘り出された墓石には、江戸時代の年号や俗名も記載されており、戸籍ではわからない時代のご先祖様名も明らかになりました。

もちろん、地中の墓石を掘り起こす機会などめったにありませんが、実は足元には貴重なご先祖様の記録が（文字通り）埋もれているかもしれないということです。

すでに依頼人と交流がなくなっている本家にご協力をいただき、墓石などを見せていただく機会は多いものです。

その際、本家の方から「お墓を案内しますが山の中にあります。マムシも出ますので当日は長靴を用意してきてくださいね」といわれることがあります。夏場に墓石調査が予想される場合には長靴や虫よけを持参しておきたいところです。

まあ、実際には現地で動き回っている中で急遽、山中の墓石を見に行くことになり現地の方に長靴をお借りするなんていうケースも多いのですが。

**Q．現地に問い合わせをするのは大変そう。コツはありますか？**

現地では、思いがけないことが起こります。

横道にそれますが、村の古文書を見せていただいたエピソードを紹介しましょう。

依頼人の本家にあたる家を訪問していたとき、「そういえば、村の古文書を入れた段ボールがあったなあ。区長が持ち回りでそれを預かるのですが、今は隣の〇〇さんが持っていますよ」という話になり、そのまま隣家に連れていっていただきました。

隣家の方がその段ボールを抱えて現れ、「これ、汚いし、何が書いてあるかもわからないので皆で捨てようかと話していたところです」と、おっしゃいます。

実際に見てみると、そこには江戸時代の村の宗門人別帳や検地帳がびっしりと詰め込まれていました。その地域の各家のご先祖様のことを知ることのできる貴重な史料ですし、地域史を知る上でも重要です。

私は慌てて「捨ててしまってはダメです。貴重なものですので、管理が難しければ市や県の文化財担当に相談して寄贈しましょう」と申し上げました。

その後、地域の方で話し合いがもたれ行政施設への寄贈が決まりました。寄贈の前に、私のほうでも史料を拝見し、依頼人の江戸時代の先祖について知ることができました。

このように、依頼人家の大元の本籍地では、さまざまな方にご協力をいただくことが多くあります。もちろん、その前段階として当然、地元の関係者（依頼人の同族、古文書の所蔵者など）にコンタクトする作業が必要になります。

依頼人が大元の本籍地とまったく縁がなくなっており、いったいどの家が依頼人の本家にあたるのかよくわからないという場合には、電話帳でわかるその地域の同姓宅すべてに手紙を出すこともあります。

手紙を書く際には、私自身の身分証明のコピーを入れ、かつできるだけ丁寧に趣旨を説明した文面の手紙を入れます。

それにより快くご協力をいただける場合もあれば、時として「これは新手の詐欺ではないか？」と勘違いされて警察に通報されることもあります。私はこれまで2回ほどありました。

もちろん、実際に詐欺や強盗が日常茶飯事となっている昨今、警戒されるのも仕方ないところですし、悪いことではありません。警察としても事件性があるかないかを確認しなければいけませんので、当然、手紙に書かれた私の電話番号に電話をかけてきます。

2回ともきちんと説明をしたところ、「事件性なし」とご理解いただけました。

先祖調査で見知らぬ方へコンタクトを始めると、こうしたことが起こる可能性もあるということはあらかじめ心にとめておきましょう。


個人情報への意識が高まっていることはご存じのとおりです。

本籍地から移住して所在がわからなくなってしまった本家の行方についても、昭和の頃であれば現地の方々に移転先や連絡先を気軽に教えてもらえるケースも多かったと思います。

しかし、昨今では知っていても安易に教えられないというケースのほうが多いでしょう。そうした場合には「手紙を託す」という手法が有益です。

たとえば、コンタクトを取りたい相手（本家にあたる家、あるいは古文書を所蔵している家など）が移転しており連絡先がわからないが、その人と今も交流がある人と知り合えた場合は「先方の連絡先を勝手に教える訳にはいかないと思いますので、この手紙を先方にお渡しいただけないでしょうか？」と、話の趣旨とこちらの連絡先を記載した手紙を預けます。

　もちろん、先方に渡していただいたあとに連絡をいただけるかどうかはわかりませんが、これまでの私の経験上、大方、連絡をいただけています。

　探している相手が現地にはすでにいないことがわかっており、それでも現地に出向いてみるという場合には、あらかじめそうした「託す」ことを想定した手紙（もちろん、中には先方からご連絡をいただけるように切手を貼付した返信用封筒を入れ、こちらの電話番号・メールアドレスなども漏れなく記載しておきます）を用意しておくことが重要です。

# おわりに——先祖探しは究極の自分探し

私の YouTube 動画では、話の終わりを「先祖探しは究極の自分探し！」という台詞でしめさせていただくことがあります。

せっかく動画配信をするなら、やっぱり決め台詞みたいなものがあったほうが面白いなあ、と思いながら、なかなか台詞が思い浮かばずにいました。

ところがある時、さて話をしめくくろうと思った時に自然とこの言葉が出てきたのです。

咄嗟《とっさ》に浮かんだ台詞ではありますが、実はこれこそが先祖探し・家系図作成の本質をもっとも表しているのだろうなと私は考えています。

私の場合は仕事として先祖調査を行っていますので、そうなるとお客様が自身のサービスを欲する本当の目的を考察する必要があります。

ですので、前々から「人はなぜ先祖のことを知りたいのだろうか？」ということを考え、時折、依頼人の方々にも質問をしてきました。

しかし、皆様の答えはだいたい次のようなものでした。

「う～ん、なんで先祖のことを知りたいかといわれても難しいですねえ。ただ、親が亡くなった時に何となく先祖のことが気になりだしまして……」

そうなのです、きっかけの多くは自身の親が亡くなり、そういえば先祖のことを知らないし聞ける相手もいなくなってしまったなという想いから始まります。しかし、なぜ先祖のことを知りたいのかという点については、誰も明確に言語化できません。

私たちは、実は自分自身のことさえよく理解できない部分がある生き物のようで、そのために「自分探し」という言葉も使われます。

そして、よく考えてみますと、その自分という一人の人間は突然に形成されたわけではなく、自身の父母の影響、ひいてはその先祖から受け継いできた影響のもとにできあがっています。

たとえ、養子であって血縁ではないにしても、その家系のマインド的なものは確実に受け継がれて今の自分があります。

ということは、先祖を知るということは、そのまま自分自身を知ることでもあるわけです。

これまでどんな存在かわからなかったご先祖様のお墓に出会えた時、彼らを知る手がかりをわずかでも得られた時、私たちはそこに「自分」を見出して感動するのではないでしょうか?

本書で挙げた3件の実例についても同じ。それぞれのご依頼人が調査を通して出会ったものは、先祖の記録でありながら、実は「自分」なのかもしれません。

今、この本を読み終えようとしているあなたが、「私も先祖探しをしてみたい」と感じたのだとしたら、それは「自分自身に出会いたい」と考えたことに他なりません。

そんな先祖探し（自分探し）への出立のきっかけに本書がなれたのであれば幸いです。

2025年2月吉日

行政書士・丸山学

カバーイラスト／大野文彰
カバーデザイン／FROG KING STUDIO
校正／麦秋アートセンター
本文図版作成、DTP／高羽正江

丸山 学《まるやま・まなぶ》

行政書士。1967年埼玉県生まれ。2001年に行政書士事務所を開業。自らのルーツを900年分たどったことをきっかけに、家系図作成業務を本格化。江戸時代やそれ以前に及ぶ先祖調査・家系図作成業を積極的に行い、年間100件近い案件に取り組んでいる。テレビ、新聞などのメディアにも多く出演。『先祖を千年、遡る』(幻冬舎新書)、『ご先祖様、ただいま捜索中!』(中公新書ラクレ)など著書多数。

ホームページ「1000年家系図」www.5senzo.net

ポプラ新書
273
家系図つくってみませんか?
2025年4月7日 第1刷発行

著者
丸山 学
発行者
加藤裕樹
編集
浅井四葉
発行所
株式会社 ポプラ社
〒141-8210 東京都品川区西五反田3-5-8
JR目黒MARCビル12階
一般書ホームページ www.webasta.jp
ブックデザイン
鈴木成一デザイン室
印刷・製本
TOPPANクロレ株式会社


N.D.C.288/190P/18cm/ISBN978-4-591-18590-2



P8201273

# 生きるとは共に未来を語ること　共に希望を語ること

昭和二十二年、ポプラ社は、戦後の荒廃した東京の焼け跡を目のあたりにし、次の世代の日本を創るべき子どもたちが、ポプラ（白楊）の樹のように、まっすぐにすくすくと成長することを願って、児童図書専門出版社として創業いたしました。

創業以来、すでに六十六年の歳月が経ち、何人たりとも予測できない不透明な世界が出現してしまいました。

この未曾有の混迷と閉塞感におおいつくされた日本の現状を鑑みるにつけ、私どもは出版人としていかなる国家像、いかなる日本人像、そしてグローバル化しボーダレス化した世界的状況の裡で、いかなる人類像を創造しなければならないかという、大命題に応えるべく、強靭な志をもち、共に未来を語り共に希望を語りあえる状況を創ることこそ、私どもに課せられた最大の使命だと考えます。

ポプラ社は創業の原点にもどり、人々がすこやかにすくすくと、生きる喜びを感じられる世界を実現させることに希いと祈りをこめて、ここにポプラ新書を創刊するものです。

## 未来への挑戦！

平成二十五年　九月吉日　　株式会社ポプラ社